宇宙マスター神「アソビノオオカミ」の秘教

地球の封印を解く
大宇宙叡智

88次元 Fa-A
ドクタードルフィン 松久 正

青林堂

これからの新しい地球における情報は、普通の人間の脳で受け取れる、三次元、低次元レベルのものではいけません。

今までの地球レベルの神の教えである「感謝しなさい」、「やさしくしなさい」、「嘘をつかない」、「人助けをする」、「親孝行をしなさい」、「謙虚でいなさい」などでは、これからの新しい弥勒《みろく》の世において、人類と地球は次元上昇することはできないのです。

次元上昇する弥勒の世を生きるには、脳をぶっ壊す、いままでの常識や固定観念を打ち破るものでなくてはなりません。

良い本、良い情報という、いままでのお子様レベルの本では、全く役に立たないのです。
わからない、理解できない、ぶっ飛んでいる、頭がおかしい、といわれる本こそが、進化する地球人に必要なのです。

88次元 Fa－A
ドクタードルフィン　松久　正

はじめに

アソビノオオカミは、これまではただ地球を見守り続けていたのですが、地球があまりにも情けない、と嘆き、宇宙史上初めて、自分の教えを地球に降ろす、という決断を下したのです。

大宇宙大和神《オオトノチオオカミ》は地球に初めて降り立った神のため、地球の言葉を持っています。それを翻訳して、私ドクタードルフィンが大宇宙大和神の教えをみなさんに伝えられるのですが、アソビノオオカミは宇宙世界の存在なので、言葉にするのはとても難しいのです。

今回、私がみなさんにお伝えするのは、今の地球人に最も必要なメッセージ。

大宇宙大和神とアソビノオオカミは、表裏一体として、50次元という高次元に存在していますが、50次元以上のエネルギーで、私たちと同じ宇宙に、宇宙存在があるものには、こと座のリラという星があります。リラは77次元で、ほとんど個性はなく、エネルギーの集合体のような存在なので、思考というものはあまりありません。

私ドクタードルフィンは、今まで地球のみならず宇宙を書き換えてきました。2021年6月に『ステラ・スーパーアセンション』（ヒカルランド）が出版されました。その中でリラも次元上昇して、ネオ・リラになっている、ということを書いています。ネオ・リラの集合意識をコントロールしているのはプリラ、それは私のエネルギーなのです。ほぼ全部、私がリラのエネルギーを統括して、宇宙全てのエネルギーをコントロールしているのです。

これまで宇宙連合や宇宙連盟などいろいろありましたが、アシュタールは宇宙連合のトップとして今までは、銀河宇宙を支配してきました。しかし、私ドクタードルフィンの宇宙の書き換え（ステラ・スーパーアセンション）により、銀河のみならず、大宇宙全体をコントロールするのは、私ドクタードルフィンのリラのエネルギー（プリラ）となりました。私が統括する宇宙委員会（ネオ・ステラ委員会）が宇宙を全部統括しているのです。

このネオ・ステラ委員会（77次元）から、宇宙の統括を任されているのがアソビノオオカミで、宇宙のトップのエネルギーとアソビノオオカミというのは連携しているのです。

これからお伝えするアソビノオオカミの秘教というのは、地球だけのための教えではなく、宇宙の中で地球が優等生になるための霊育《れいいく》、霊的な教育なのです。

大宇宙大和神の教えは地球のためだけのメッセージでしたが、アソビノオオカミの教えは、地球を宇宙の中で次元上昇させ宇宙の中の優等生にするためのものなので、その内容はどうしても厳しい教えとなっています。それはまるで、父が子供を社会に一人前として送り出すために厳しくするのと同じです。母はどちらかというと、子供のことを他の何よりも優先して考える。だから優しい。大宇宙大和神は、そんな母のような優しい存在といえます。ところが、その大宇宙大和神と対をなすアソビノオオカミは、父のような厳しい存在で、子供を愛しているのは母と同じでも愛し方は全く逆なのです。厳しく教育して、地球を宇宙で輝かせようとしているのです。

アソビノオオカミは常に宇宙にいてあいかわらず地球には降りてこないため、どういう神かということを人間の脳で考えるのは難しい存在です。優しい神である、優秀な神である、とか……どういう時に何を助ける、何に効能があるとか、そういう言葉で表現できるものではないのです。しかし、アソビノオオカミはいつも宇宙的な視野でとらえているので、宇宙的に考えた時に、地球が宇宙の中であこがれの星となること、宇宙の存在たちがあこがれるような、非常に住み心地のよい星になるような、そのための教育をしようとしているのです。

今回は言葉として私ドクタードルフィンがアソビノオオカミの教えを翻訳し

ていますが、これを私は「高次元翻訳」と呼んでいます。50次元は、感性の世界。大宇宙大和神自身は地球的感覚をかなり持っているので、その言葉を素直に言葉にすることができるのですが、アソビノオオカミの場合はかなりギアを切り替えて翻訳しているため、作業がとても大変なのです。こうして言葉にすることで少し歪んでしまうかもしれませんが、その点はご了承ください。

今回、どうして私が今のタイミングでこの本を書くことになったのかというと、ひな人形の次元が上昇したからです。ひな人形は、古来、悪霊や祟りを身代わりに人形《ヒトカタ》にうつして、それを川に流す「ひな流し」がルーツだと伝えられていますが、その本当の意味はよくわかっていません。

ひな人形には男雛と女雛がありますが、これは「帝」と「妃」、つまりは天皇陛下と皇后陛下をあらわしていると言われています。その下に、三人官女、五人囃子……というように下の位の人が並べられているのがひな壇なのです。

平成3（2021）年、時代は「土の時代」から「風の時代」へと移り変わりました。それに加えて、私が卑弥呼《ひみこ》を開き、真の天照大御神《アマテラスオオミカミ》を世に出したのでエネルギーが大きく上昇し、天皇家のエネルギーがさらに上昇したのです。だから、その人形《ヒトカタ》と言えるひな人形のエネルギーはさらに上昇し、次元が上がったのです。まさに弥勒《みろく》のひな人形となったわけです。

アソビノオオカミがこの時を選んだのは、日本が世界のトップリーダーになると宇宙の視野から見ているから。ひな人形が次元上昇して、弥勒の覚醒をする今このタイミングを置いてほかにはなかったのです。

88次元 Fa－A
ドクタードルフィン　松久　正

《目次》

地球人の思考様式、行動様式を完全に変えなさい
地球の次元を上昇させるため、自分自身に愛と感謝を送りなさい
いい加減一つの世界に執着をするのはやめなさい
バカにされること、見下されることをやりなさい。狂気の沙汰をやりなさい
幸せの定義を壊しなさい、自分だけの幸せの定義をつくりなさい
一つだけ突出させて、あとは全部わざと欠点を作りなさい
人に迷惑をかけなさい
他人を助けてはいけない
家族形態にこだわりすぎない
家族、友、社会から見放されなさい。そして、敵をつくりなさい
組織に属してはいけない
貯金をしてはいけない
規則正しく生活をしてはいけない
人の話を聞いてはいけない

第1章

宇宙のマスター神・「アソビノオオカミ」が、今目覚める！

アソビノオオカミは大宇宙大和神と対をなす宇宙のトップに位置する神

アソビノオオカミはどういう存在なのでしょうか。

アソビノオオカミとは、神として最初に人格・パーソナリティを持った至高神のうちの一柱のことです。高次元である50次元に存在し、同じ50次元にいる至高神・大宇宙大和神《オオトノチオオカミ》と対をなす宇宙のトップに位置する神なのです。

一万年前に地球に降臨し、熊本県上益城郡山都町《かみましきぐんやまとちょう》にある弊立神宮《へいたてじんぐう》に祀られた大宇宙大和神とは異なり、宇宙に存在するアソビノオオカミには当てはまる漢字が与えられていません。私はまだ見たことはありませんが、弊立神宮にある石碑か何かに「アソビノオオカミ」と宇宙語で書いているのを誰かが読んだ、という話を聞いたことがあります。このように、地球の言葉としては、アソビノオオカミは当てはまる漢字がなく、ただ音でのみ表現することができる存在なのです。「遊ぶ」という意味では、もちろんありません。

『至高神　大宇宙大和神の教え』でも書いたように、大宇宙大和神とアソビノオオカミは、２体（柱）で一つ、陰と陽の関係にあります。大宇宙大和神は地球に降臨したことで漢字を与えられましたが、アソビノオオカミは宇宙にとどまったことで漢字が与えられなかったのです。この２体は実体を持たない素粒子で、それぞれにポジティブ、ネガティブとして同時に存在しているのです。表に出た大宇宙大和神は陽のエネルギー、それと対をなす陰のエネルギーをアソビノオオカミが持っていて、アソビノオオカミは大宇宙大和神でもあるし、大宇宙大和神がアソビノオオカミでもあるといえます。

そのため、私は大宇宙大和神のエネルギーを表として持っていますが、裏としてアソビノオオカミのエネルギーも同様に持ちあわせているのです。本にも書いたように、大宇宙大和神には宇宙的な優しさ、そして、アソビノオオカミには厳しさがありますが、その愛の深さは同じなのです。

アソビノオオカミは宇宙を管轄し、宇宙を調和させるエネルギー。宇宙を融合させ、コントロールしているエネルギー、それがアソビノオオカミなのです。

宇宙で見守り続けていたアソビノオオカミが目覚めた理由

アソビノオオカミは今まで眠っていたのですが、見過ごすことができないほど地球の状態がひどいため手を出さざるを得なくなり、そして目覚めたということです。本来なら、アソビノオオカミは地球のことは大宇宙大和神に任せて、見守っているだけのはずだったのです。

今、地球が乗り替わるのが遅いのです。宇宙パラレルの中には「いい地球」というものもあって、そこに私たちも乗り替えることができるのに多くの人間たちがそれを引っ張って行かさないようにしている。こうした力を振り払って乗り替わるためには、地球に降りているエネルギーだけでは足りていないのです。

イルミナティ、フリーメイソン、ディープ・ステートに関しては、本に書いたように私が上層部、スーパートップのエネルギーをすでに書き換えてあるのです。だから、本来ならより良い方向へと地球が導かれていくはずなのですが、そのスーパートップの下部にいるトップ層がエネルギーをコントロールしていて、地球がよりよい方向へと乗り替わっていこうとすることを拒んでいるのです。それは「最後のあがき」と言えます。

私は宇宙の様相を理解していますが、未来は一つだけではなく、いくつもの未来の世界が同時に存在し、私のように十分にエネルギーが高ければ、人はそれを自分の意思で選択することができます。しかし、今の地球では、大多数を占める集合意識が選択する未来へと導かれてしまっているのです。

例えば、アメリカ大統領選では、トランプ前大統領が選挙に勝利する、少しクリアで宇宙的にはポジティブな世界地球もありました。もし、宇宙的でポジティブな意識がもう少し人類にあれば、全く違った結果になっていたのではないかと私は思います。しかし、根強くドス黒いものがそれを阻んでしまったのです。「愛と調和」の反対である「分離と破壊」のドス黒いエネルギーがやはり強く、そのエネルギーが望む未来を集合意識が選ばされてしまった結果だといえます。

こういうのを見ていると、私だけ別な次元で違う地球に行った方が楽だろうな、と考えます。しかし、愛と調和とは反対の集合意識とつきあいながら、地球の人類の次元を底上げするという私の役割を果たすために今の地球に付き合っているのです。

私は、慶應義塾大学医学部を卒業しました。慶應義塾大学医学部は偏差値も高く、最高学府のトップ大学にあげられますが、私の同級生たちもとても頭が良く、全国模擬試験ではいつも成績上位者に名前を連ねるような知能偏差値が高い仲間がたくさんいました。

しかし、私が思ったのは学習（知能偏差値）と次元偏差値（人間エネルギーの偏差値）は全く違う、ということです。

今でも大学時代の仲間とやりとりをするためのメールリストがあるのですが、彼らから送られてくるメールを閲覧していると、新型コロナウイルスに対して「ワクチンを打つべし」という理論が主流となっています。薬ありき、手術ありき、もちろんワクチンありき。彼らが発している情報は、まさに今の地球の低次元の流れと同じなのです。

超偏差値組であるトップやエリート軍団が、それではダメなのです。「自分たちが一番偉い医師である」と思っている連中が、当たり前にこういう情報を発しているので、患者はそれを信じ込んでしまう。それが問題なのです。

今、社会を動かしているのは、そういうエリートたちであり権力を持った人間です。このエリートたちは常識と固定観念で力をもっただけなのに、今の人類たちは何も知らずにこうした権力者についていってしまっているのです。

イルミナティ、フリーメイソンの本に書いたように、医者や科学者、政治家や官僚といったリアルなトップ層はみんな洗脳されているのです。しかも、洗脳されていることを誰も疑ってはおらず、自分たちは正統派だ、正義の味方だ、と思って職務に取り組んでいるのです。医学の業界でいうなら、医師会のトップ、大学病院の教授たち、医学界の会長レベル、そして、その業界を統括している委員会もそうなのです。

今回、新型コロナウイルスに関して、日本医学会の会長がさまざまな提言を繰り返していますが、ついには政府批判とも受け取れる発言へと発展していきます。私に言わせれば、どちらも「ドングリの背比べ」。どちらもだらしないし、どちらも本当のことを知らない。こんなふうに論争を繰り返しても何も意味がない、何も生み出さない。全く困ったことだ、と私は思っています。

それでは、業界のトップたちは一体誰に洗脳されているのでしょうか。それは、イルミナティ、フリーメイソンの上層部より下の層に位置する人々。私が書き換えたスーパートップたちより持っているエネルギーはずいぶん低いのですが、相当力をもっていて、国を動かすことができるのです。しかも表に出てこないで、世論などをうまく操っている。

大宇宙大和神のエネルギーを持った私ドクタードルフィンが、エネルギー開きをし、88次元のエネルギーを通してスーパートップのエネルギーを入れ替えても、下が反発していたらどうすることもできません。スーパートップは全てを見守る立場にいるのですが、トップたちのエネルギーを変え、動かす人材ではありません。実際には、その下にいる実動部隊のトップが全ての人を動かしているのです。

この実動部隊のトップが、スーパートップの意向に従わない。スーパートップが彼らを変えようとしても、頑《かたく》なに反発しているのです。かといって、スーパートップが実動部隊のトップを抹殺するわけにはいかず……だから時間がかかってしまっているのです。

一番頑固なのはイルミナティにしても、ディープ・ステートにしても、Qアノンにしてもスーパートップの少し下の位置にある、いわゆる資本主義、3次元でトップといわれる人たちで（スーパートップたちは3次元を超えていて、表に出ないところのギリギリの位置にいるのです）、そういうトップたちは自分たちが悪いことをしていると本当は知っているのです。自分たちがずるいことをしている、自分たちだけが潤ったらいい、自分たちに従う人間だけを養っていけばいい、という考えを持って動いているのです。

しかし、そういうことは直接言わずに「世界平和」だとか「これが善だ」とかいうふうに嘘をついている。自分たち以下を、そのように全部教育しているのです。そして、その教育を受けたような人々が、テレビやネットなどのメディアを通して、実際に社会や政治も動かしているのです。

大宇宙大和神のレベルで、人類を覚醒させる、封印していたものを解いていく、というスーパートップとの合意は得られているのですが、実働部隊のトップはそれに反発しているのです。そして、実動部隊のトップよりさらに下の人々を「お前はいいことしているんだ、社会に貢献しているんだ」と騙しているのです。しかし、下の人々は騙されているとは気づかずに「自分たちは人類で一番いいことしているんだ」と思っている。だからいくら言っても、話し合いにはならないのです。自分たちが善だと思っているので「あなたが悪い、あなたの考えがおかしい」と、言い返してくるのです。

アソビノオオカミは、こうした地球の状態を宇宙から見ていて「地球には自分のエネルギーを降ろさないとダメだ」と考えたのです。どうしてアソビノオオカミがそう考えたのか。それは地球だけに任せていると進化が遅すぎる、というかあまりにもエネルギーが低すぎると感じたからに違いありません。

元々、宇宙で想定されていた地球の進化というのがあったのです。地球ができてから宇宙のエネルギーが見守ってきた進化の想定があるのですが、その進み方が予想よりかなり遅いのです。だから、その起爆剤として新型コロナウイルスが出てきたり、いろんな問題が今後も出そうになってきたりしているのですが、それくらいのものを宇宙から投げかけないと目醒めないという段階になってきています。地球だけの実動部隊、人間をやらされている存在たちに任せておいたら遅いのです。スーパートップのエネルギーはすでに書き換わっているので、最終的にはいい方向に行くはずなのですが、あまりにもアンハッピーな時期が長すぎるのです。

それはごめんです。私もごめんです。そして、多くの気づき始めている人間は低い次元と付き合うのは、もう懲り懲りなのです。だからと言って、その人間たちだけがほかの地球に行ってしまったら、大多数の人間と別れることになってしまう。今はまだその段階ではないので、もう少し全人類のレベルを私が上げていくしかないのです。

このような状況から、アソビノオオカミは大宇宙大和神とともに陰と陽、ポジティブとネガティブを一体として地球に作用させていかないといけない、と判断して自らが動き出したというわけなのです。

第2章

アソビノオオカミからの霊育

アソビノオオカミは大宇宙大和神《オオトノチオオカミ》が知り得た地球の情報は全て把握しているだけではなく、全ての大宇宙の星の情報を把握しています。アソビノオオカミが目覚めたのは、今の地球の様相がよほどひどいということなのです。

これは、アソビノオオカミからの霊育。アソビノオオカミの言葉を私ドクタードルフィンが翻訳をしたものです。

アソビノオオカミが、今の地球を斬ります！

今の政治家が決めた憲法や法律は、同じ価値観を持たせるための仕組みにすぎない

私（アソビノオオカミ）は、私自身のエネルギーを通してドクタードルフィンの言葉として、これから宇宙のよりよき社会、星社会の手本を地球に指し示します。

宇宙には地球以外にもたくさんの社会が存在し、政治のカタチもそれぞれのスタイルがあります。宇宙にはもっといい政治のスタイルがあるという考えを持つことが、まずは地球人にとっては大事なことであり、いい教育を受ける土台になるのです。

宇宙の中には、政治というスタイルを全く持たない星があります。高次元な星はエネルギーが高く、その星では住民たちの中で最も高いエネルギーを持ったものたちが、エネルギー的な組織を形成しているのです。地球のように、建物があるとか、国会、憲法や法律があるというわけではありません。

そういった高次元の星においては、最も高いエネルギー的な組織が行うのは、そこに存在するものがその星自体のエネルギーにとってマイナスになるような行動があった時に、映像として見せることです。お咎めとか、罰を与えるのではなく……周囲が叱るといったスタイルではないのです。あなたがとった行動によって社会や自分たちの進化がどうなるか、ということを「このような行動をとったら、自分たちの幸福度はこんなに上がるんだよ」ということを映像として見せることで、マイナスになるような行動をその場で修正させるのです。その星の存在たち、住民たちは、全体として上がりたい、と考えているのです。全体として上がることが自分の幸福だというのが、よくわかっているので、全体を下げることは、自分は絶対にしたくないわけです。だから映像を見せられることで、自分が間違った行動をとった時にそれに気づき、すぐに修正することができるのです。

このことは宇宙的な視野で他の人に教える場合、地球人が一番知らないといけない観点です。地球ではあなた一人が、あなたのグループがこういうことをやったら、未来はこうなる、ということがきちんと理解されていないのです。

例えば、10通りの中から行動を選べるとします。あなたが選んだ行動のために最低の地球へと導かれることもあれば、別の選択をしていればよりよい地球へと進むこともできるはずなのです。地球人は体や脳という低いエネルギーを持っているので、モノを一つしか見ることができず、自らの行動を可能性で選んでいるという感覚が全くないのです。自分がとった行動が、未来においてどれだけ影響しているのかということをわかっていないのです。動植物は何も知らないと思っているかもしれませんが、あなたのとった行動によって、海や山などの自然、そしてそこに存在する微生物や動植物が悲しんでいるのです。それがわかっていない。あなたが選ぶ行動が、地球の未来に大きく影響してくるのです。

私が伝えたいことは、その政治というスタイルを持たない星では、自らの選択によって未来が大きく変わってしまうということを、住民全員が感覚で持っている。だから、犯罪というものも起きない。このことがとても大事である、ということ。これが政治というものを語る時に、政治家が一番知らなければならない観念なのです。

政治というのは観念が大事です。どういうビジョンを持つのか、国民や自分たちがどういう思想意識を持つか。そして「国や社会、そして自分の星である地球を上げれば、自分自身もハッピーになれるんだ」という感覚を国民に教えるのが政治なのです。非常に高い次元のことにはなりますが……。

また、地球人が知らなくてはならないのは、政治家が決めたこと、政治家が決めた法律に従っていればそれでいい、自分一人の行動によって世の中や未来はそんなに大きく変わるはずがない、と勘違いしていることです。政治家に生かされているようでは、地球は劣等星になってしまいます。なぜなら、憲法や法律というのは同じ生き方、同じ価値観を持たせるためのひとつの仕組みに過ぎないからです。

私が先ほど例にあげた優等の星には、政治だけではなく、法律や憲法もないのです。しかし、みんなが自分のエネルギーを活かしながら、誰もが平和に暮らしている。私はこれが得意、私はこれが好き、得意、好き、得意、好き……自分が一番喜ぶこと、うれしいと感じることを表に出してやっているだけで、法律や罰則はもちろん、人から「こうなれ」という命令や指示などは何もないのです。

地球では、権力、そして憲法や法律が存在します。人を治めるためには罰すればよい、という考えが問題なのです。宇宙社会の中で、憲法や法律を持っている星というのはおよそ3割くらいです。あとの7割では、憲法や法律というものがありません。その3割の星の中でも、地球は非常に不都合な決まりをつくっている次元の低い星なのです。

政治を斬るためには、こうした憲法や法律についても語っていかなければなりません。

人類を規定の型に当てはめようということは、一見争いをなくして、平和な世界を築いているように見えます。犯罪をなくすことに繋がるように見えます。

でも、宇宙的に見ると、憲法や法律のない7割の星と憲法や法律のある3割の星では、どちらの犯罪件数が多いかというと、圧倒的に後者なのです。つまり憲法や法律がなければ、人は自由にもっと感性豊かにどう生きるべきか、ということを考えることができるのです。

今、地球の人間は憲法や法律を遵守しながら生活をし、そして生きている。これでは憲法や法律に自分の長所や魅力が縛られ、埋没させられている。つまり、宇宙的な視野でいうと、憲法や法律という枠組みを超えたところに人間の生きる喜びを生み出す素地があるのです。しかし、地球ではこういうことを言う人間は誰もいません。こんな話をすれば、反逆者だと言われてしまうからです。

何にも縛られることなく、自分の魂が赴くままに存在すること、それが宇宙的な幸福なのです。

政治家は人を批判する前に、まずは自分自身を生きなければならない

地球に人類が最初に登場した時には「こうしたら、みなが悲しむんだ、喜ぶんだ」「こうしたら、すごく次元上昇、エネルギーが下がるんだ、上がるんだ」ということを、言葉や文章ではない意識レベルの交信によって、私もいろいろと情報を提供したのです。しかし、今の地球では、この情報がいつの間にか曲げられてしまっている。この状況に、大宇宙大和神も嘆いているのです。

政治家は議席を獲得することにのみ執着し、議員という座を手に入れれば壇上に立って、官僚から渡された文章を読むだけです。その文章には自分の肩書を守るため、保守的にやるために、うまく取り繕うようなことだけしか書かれていませんし、誰も人民を良くすること、社会を幸福にするための情報は一つ

も与えてはくれないのです。国会というものも、ただ国民に「自分は働いているよ」と見せかけているパフォーマンスに過ぎないのです。そうした政治家には私が示した高次元の星社会の生命エネルギーは何もないです。中身など、そこには何もないです。

今の地球の政治ほど、汚れたものはありません。これほど宇宙的に幼稚なものはないと断言できますし、誰もが体裁ばかりをよくしようとしている。特に、日本は体裁の国です。

共産主義や資本主義といった、いろんな方向性が出るのはいいのです。どの星でもお互いの違いやそれぞれの長所を生かして、お互いをサポートするのです。それぞれの違いが、プラスに作用しているのです。しかし、地球ではお互いの違いをお互いが貶《おとし》めている。これが宇宙の優等星と、地球のような宇宙の劣等星の違いなのです。

そんなひどいことを話すくらいなら歌を歌いなさい。あなたが人生で感動した歌、人を感動させるとあなたが感じた歌を歌いなさい、詩を読みなさい。あんな心のない、魂のない、愛のない文章を国会に響かせるから、みんな劣悪で醜いエネルギーに染まってしまうのです。

人を攻撃してばかりいる政治家というものは、自分に満足していない人間ばかりなのです。地球の政治家というものは人よりたくさんの名声をもらって、人より鼻高く暮らしているにもかかわらず何も満たされていない。その根底にあるものは妬みの感情ばかりなのです。ところが、これこそが地球人の代表的な姿といえるのです。

地球人は、自分と他人を比較して自分を偉く見せようとします。しかし、高次元の宇宙星では満足している人ほど自分と他人とを比較したりしません。

ドクタードルフィンが、よく動画やフェイスブックで「人を批判する前に、まず自分を生きなさい」と伝えているはずです。自分を生きられていない人間が自分以外を批判するのは、宇宙人からしてみれば明らかにおかしなことなのです。政治家がやらなければいけないことは、人を批判する前にまず自分自信を見つめ直すことなのです。自分を見つめて、人に訴えられる自分の良さは何かというところを見つけてください。そうしたら、それを歌や詩でもかまいません。まずは原稿なしの自分の言葉で語ってください。人を責めるエネルギーと時間があったら、まず自分を表現してください。自分の本当の価値を、自分自信で感じてください。自分に価値がないから、自分に価値があるように見せようとするのです。自分に価値があるとわかっている人間は、そのままでいい。だから、自然体なのです。

肩書きではなく魅力のある人間が政治家になるべき

宇宙的に見て、政治という形をとっている星は3割程度。その中でも、分裂している政治を行っている星はレベルが低いと言わざるを得ません。政党や派閥が存在する地球、中でも日本はその典型といえます。

派閥というものは、政治の世界の話だけではありません。慶應義塾大学医学部出身のドクタードルフィンはよくわかっているだろうが、大学病院にもこうした派閥は存在します。テレビドラマにもなっている『白い巨塔』を読めばわかるだろう。国立の医学部には「全ては教授のいいなり。逆らうことは許されない。逆らえば、もうここにいることができない」という暗黙のルールがあります。講師、医局長、准教授、教授……上にのし上がるためには、組織のトップに気にいられなければならない。そのためには、トップのいうことには全て服従……今の政治も似たようなもので、思った事も言えずにご機嫌とりばかりなのです。

日本の政治家は、立候補する時には「国を変えるんだ」「こういう社会を作るんだ」とお題目を並べて票集めに奔走します。ところが、議員になったとたんに、派閥の上から言われた事を文句も言わずにただただこなすだけになってしまうのです。指示されたことをやって、派閥に所属していれば地位も安泰……これでは、国が変わるわけはないのです。

国を変えようとする若者たち、子供たち、今の仕組みのままの政府の人間になることなかれ。役所の職員になることなかれ。今のままでは、地球が宇宙の中で優等生になるような仕事は全くできません。

あなたが地球を宇宙の優等な星にしようと考えるのなら、宇宙にある優等な星の仕組みを見習って、あなた自身の魅力を上げなさい。今の地球では肩書きばかりで、魅力もない人間がほとんどなのです。肩書きなどなくてもいかに魅力があるかということが、法律のない国では大事なのです。肩書がない社会でどれだけの社会の人から慕われるか、尊敬されるか、ということが大切であって、本来はそういう人たちが政治を行うべきなのです。

今の政治形態から、まずは飛び出なさいと！　さらには、壊す力を持たなければ！

あたなの言葉を発信しなさい。今ならＳＮＳや動画配信など、手段はたくさんありますから、あなたが「弥勒の総理大臣です」と発信すればいいのです。そして、毎日総理演説をしなさい。そうしたらいつの間にか、あなたが政治をつくっていけるはずです。

今ある既存の構造に頼ろうと、まるで狭い鶏小屋のような中にいて、醜く低いエネルギーの中で人を仕切ろうとするから何もできないのです。そこには、濁ったエネルギーしか成り立たず、きれいなエネルギーははじき出されてしまうからです。

「地球は青い」と言われていますが、今の地球を高次元の目から見てみると、ドス黒いエネルギーで包まれてしまっているのです。望遠鏡で見ると高次元のエネルギーは映らないので、３次元のエネルギーで見る地球は青くてきれいなものに見えているのかもしれません。しかし、今の地球という星は妬みやそねみのドス黒いエネルギーの塊で、最もエネルギーがきれいだったレムリア時代を滅ぼした原因なのです。自分の身を守ることだけに執着し、自分よりも豊か、幸せだと思う人間を攻撃する。妬みや嫉妬……これが本当に今の地球ではとても強く、世界中に溢れてしまっているのです。

私はいろんな星を見ていますが、ほとんどの星は自分のことに焦点を置いている存在たちが生きているのです。そういう星は、争いがない。実際、優等星ほど法律がなくて、お金の使い方や男女関係などももっと自由なのです。不倫もないし、掟を破る人間もいない。それなら全員イエスマンばかりかと言うと、そういうわけではない。ただ、悪い事をしたら悪い方向に向かうことをわかっているのでそんな選択をしないだけで、人に対しても干渉するということがないのです。

地球では、99％の人が自分のこと以外に意識を使っていますが、これはいかに地球が低俗なのか、という証なのです。自分のことを全く生きられてないのに、他人を評価ばかりしたがる……それが、今の地球人なのです。

人や社会を喜ばせるところにエネルギーは集まっていく

「お金」という言葉が出ましたが、宇宙の優等生の星には「お金」という物質は存在しません。お金の役割をするエネルギー体があり、そのエネルギーを自分でたくさん引き寄せれば、たくさん自分の好きなことができるし、自分の好きな物を得る事ができるという仕組みになっているのです。優秀な宇宙の星では「お金」とは、エネルギー体のことで意識体として扱われているのです。

その星を上げるために必要なものは、エネルギーです。人は幸せになることで、周りを元気にすることができます。これは、喜ばせるところとか、わかっているところにエネルギーが寄っていくからです。

優秀な星では、地球のようにお金を儲けようとか、お金を自分の所に置いておこうといった考え方はありません。自分が持つ能力を世に出している、良い貢献をしている、人々を喜ばせたり感動させたりしている……こうした星のエネルギーを上げている人のところには、自然にエネルギーが集まり「お金」の役割となる意識体も寄ってくるのです。

これは、地球人にとっては大きなヒントになるはずなのです。地球人にとっての大きなミステイクは、お金をただの物質だと勘違いしていることです。優良な星の住民のような意識がないのです。

ドクタードルフィンがお金のことを本に書いたり、SNSや動画で発信したりしていますが、お金が集まって来る人間というのはお金が喜ぶところなのです。自分を使ってもらうことで地球という星を豊かにすることができる、ということがエネルギー体であるお金と言う存在にはわかっているのです。だからお金は、正しく自分を使ってくれる人間のところに集まってくるのです。

よくないのは、自分のエゴでお金を儲けようとすることです。自分のエゴのために社会のことを考えずにお金儲けにはしってしまうと、一時期はお金が集まっているように見えても、やがて意識体であるお金の意思によって切られてしまう。そして、やがては社会からも見放されてしまうようになるのです。

このことは、優秀な宇宙の星の存在たちは知っていて、いかにお金であるエネルギー体に好かれるか、ということを考えているのです。嫌われているのにいくら頑張ってもお金が寄ってくるはずがない、ということを地球人は知らない。あなたにお金を渡したら地球を汚す事になる、そういう人にはお金は寄って行かないのです。

これは、経済、社会にも通じることですが、私が言っているのは「弥勒のふるいわけ」。これから地球を宇宙の優等な星にさせるために活躍する会社は生かされ、今までのように自分の利益だけを求めている会社は、お金に嫌われて終わる。本来、経済はそのように決まっているのです。

ただ経済を回したいというのは、お金に好かれることではないのです。宇宙の星、そして宇宙の生きている存在たちを喜ばせることをすれば、その存在の一部であるお金というエネルギーは集まり、必ず応援をしてくれます。

そのことを地球人は知らないので、たいしたお金儲けができないのです。ドクタードルフィンは、いろいろな人の夢と希望、喜びと感動を与えられているのでお金が寄って来てくれるのです。そして、いいお金の使い方をすれば自分自身の喜びにも繋がり、同時に周りの人を幸せにすることができるのです。

自分のエネルギーを喜ばせることが、社会や地球のためになる

憲法や法律を持たない宇宙社会では、他の人を攻撃する人間はいませんし、攻撃する人間がいないから守る必要もありません。しかし、今の地球には自分の身を守ることを考える人間ばかりです。地球社会はそもそも憲法や法律をつくり、規定の枠に押し込めようとしてしまったために他の人から攻撃されるようになったのです。

憲法や法律だけではありません。憲法や法律がある星というのは必ず同調圧力があり、常識や固定観念というものがとても強いのです。しかし、憲法や法律がない星は、こうした常識や固定観念がほとんどない。こうするべき、こうあるべき、こうなるべき……そういうのがないので、非常に自由で柔軟なのです。国会の政治答弁を見ていてもそうでしょう。こうあるべき、こうなるべき……これは憲法や法律に基づいた考え方で、常識や固定観念に基づいて人を攻撃しているだけなのです。こんなふうに攻撃し、そして自分自身を守りあっているところには何も生まれません。

穏やかで幸福な星では、正しい、間違っているという概念が非常に薄いのです。判断の基準が、正しいかどうかではなく「これはみんなのためになる」かどうか。みんなを喜ばせるか、そうじゃないか、ということだけなのです。物事を正しいか、正しくないか、の感情の概念に乗っかってはいけない。これは、ただの抜け殻の社会が作り上げたルールの中での心の持ち方なのです。ドクタードルフィンが本に書いていたように、正しいという概念は松果体《しょうかたい》を劣化させ、宇宙と繋がらないように地球を封印し人類を奴隷化させてきたイルミナティ、フリーメイソンのトップの思想なのです。

彼らが統率できる人間社会を作るために、こうした思想を教育者、医者、科学者、宗教者のトップに巧みな手段で教え込んだのです。「これをやることで、あなたは人類のリーダーになれる。これがすばらしいんだ」と。

教える側は、もちろん、その思想が素晴らしいものでないことはわかっているのです。ただ、奴隷ができるだけ。しかし、その考えを植え付けるのが一番統治しやすいからです。つまり、正しいという概念を作れば、正しいことをやらせればいいだけで、自分たちの利益に結びついているのです。

ここがポイントです。ポリティカル・コレクトネス理論で、正しいと設定したことが、自分たちの利益を生み出しているのです。

今の地球においては、人類の意識の持ち方を変える、という教え方をしていかなければなりません。自分の意識によって、自分の人生を創造するのです。そのためには、子供の頃からの教育も大切なことですが、大人の教育が必要なのです。

地球人全員が今やるべきことは、自分、そして自分のエネルギーの喜ぶことが、自分以外の集合意識、社会と地球のためになるという視野を持つ訓練をする、ということ。教育を少しずつ行って人類の意識が次元上昇したら、法律を少し緩める。また次元が上がると法律を緩める。これを繰り返し行うことで、憲法や法律はやがて必要なくなっていくのです。こうしたやり方を国レベルではなく、まずは市町村レベルから始めれば良いのです。

今の地球において、憲法や法律を一気になくすことは難しいのも事実です。地球が低い星のレベルのままで止まっているのは「悪いことをしたら罪を与えられる」、つまりは処罰を受けるという意識が根付いてしまっていることにほかなりません。

そこでまず考えていかなければならないのは、ドクタードルフィンが『大宇宙大和神の教え』の本で言っていたように、基本的人権をはじめとした平等の概念を見直していくことです。それぞれの存在である「個」を抑圧するには、平等と言う概念はとても都合がいいのです。基本的人権に則ると、みんな「こうあるべき」「こうなるべき」と考えて、他人と比べ始めるのです。基本的人権は、他人を比較するのにもっともいい材料なのです。そこを少し緩めていかなければならない。平等という概念がなくなると、他人と比較することがなくなるので個が育っていくのです。

まずは人材育成をして意識を上昇させ、そして、法律を変えるというのを繰り返していくことで、どんどん自立した意識のきれいな存在が出てくるようになるのです。

マスコミが流す情報にごまかされてはいけない

私の視点では、今、地球では緊急事態は起きていません。何も起きていないのにも関わらず、起きているという状況に集合意識を全部なびかせたのです。本当は緊急事態宣言はいらない、マスクもいらない。マスクをするせいで、どんなに病気になって人生がダメになっていることか。しかも、ワクチンを打つなんていうことは、最低のアクション。百害あって一利なし、とはこのことです。

そして、この状況に便乗しているのが、テレビをはじめとしたマスコミ各社です。


「医療現場がひっ迫していて……」「ワクチン接種が足りない……」と、どんなメディアを見ていても毎日同じことばかりが取り上げられている。

しかし、本当に報道すべきことはいかに人類の意識を変えるか、洗脳されずに自分の意識を生きられるようになるか、ということなのです。

何も起こっていないのに起こっているように錯覚しているのは洗脳する情報を知っている人間だけで、知らない人間は穏やかに毎日を過ごしているのです。

マスコミのトップは、この事実について「そんなことはない」と言います。

スーパートップの下にいるトップによって、マスコミなどの各種業界のトップたちは「お前はいいことやっているぞ、地球のスターだぞ」と、ごまかされているのです。嘘を言ってごまかして、テレビの裏側で伝達がなされている。マスコミの裏側では、悪い事をしていると自覚しているトップたちがそんなことは知らないマスコミ業界のトップたちに対して、その意志を伝えているのです。

テレビのコメンテーターは、世間へのご機嫌とりで語っているだけなのです。あのようなご機嫌取りの言う事にうん、うん、とうなずいているようではいけません。あなたがコメンテーターになれ。社会の憲法や法律じゃなくて、自分でつくった自分だけの法則を生きろ。

愛と感謝が原動力であれば、この宇宙では何をしても許され、そして応援してもらえるのです。

今の学校教育では、人々は幸せにはなれない

教育については、前からドクタードルフィンがいろんな本で説いてきたはず

ですが、今地球も大事なことにようやく気づき始めているのです。本来、学校は毎日行くことが大事なのではなく、勉強は自分でやるものであって学校で教わるものではないのです。

まず、学校の校則がよくないのです。学校というものは朝何時に登校して、何時間授業して、宿題して……から始まり、全てが校則によって定められています。

しかし、朝行きたくない人もいれば、起きられない人もいるはずなので、自由な時間に行っていいし、行きたくなかったら行かなくていい。勉強はしたい人間がすればいいし、したくない人間は他のことをやってもいい。

しかし、校則に従わずに勝手なことをすれば、地球人は学校が乱れると思ってしまうのです。たしかに、最初は乱れる学校は出てくるでしょう。でも、結果としては驚くほど自立した学校になっていく。放っておくことで、お互いがお互いを助け合うようになるのです。

これは、ものすごく大事なことです。高次元の優秀星というのは、お互いにそれぞれすごくいいものを持ち寄ってお互い同士を助け合っているのです。

今の地球の教育は平均であることを重要視する傾向にあり、その平均から飛び出してしまったら「あの人は自分たちとは違う存在」と決めつけてしまい、それぞれの違いや特徴を認め合うことをしないため、助け合うということができないのです。だから、お互いに調和することができないし、お互いに腹の中で何を考えているかわからない。しかし、高次元の星になるほど、お互いに何を考えているのかが全部わかるのです。校則がそんな学校ばかりをつくってしまったのです。勉強などはしたい人がすればいいのです。そうすれば、放っておいても、優秀な人間が出てくるのです。学校が成績を上げようとするとき、全員を統率して成績を上げようとしているから上がらないのです。

高次元のシリウス星の教育というのは、来たい人だけが来たい時に来て、帰りたい時に帰ります。長所だけを見せて好きな事だけやって帰るのです。それぞれの長所を生かして、お互いに助け合うのです。

教育において大切なのは同じ人間を作るな、ということです。みんなが平均的にできれば、それは一見いいことのように人の目にはうつります。しかし、それはそれぞれが持つ長所やずば抜けていた要素を全部なくして、欠点だった要素だけを底上げすることになるのです。みんなが平均、そして平等……しかし、こういうことをやっていると他人と自分を比べるようになり、やがては争いが起こることになる。「あいつは金があって、俺はない」「あいつは能力があって、俺はない」。このように、教育が戦争の原因をつくり出しているのです。

同じ人間を作るな、飛びぬけた人間を見守る、と教育することが、本当はとても大事なのです。

ここで教育といじめについて、話していきましょう。

昔から、地球ではいじめはありましたが、当時のいじめはものすごくシンプルでした。その内容はわかりやすく、いじめている人間といじめられている人間は、お互いにいじめという事柄を通じて学びを得ていたのです。いじめる方も学べたし、いじめられる方も学ぶことができました。

しかし、最近のいじめは複雑になり過ぎていて、陰湿で表に出ないやり方が横行していますが、ネット社会がその大きな要因の一つとなっています。

宇宙の中では、いじめというのはいじめる側、いじめられる側にそれぞれ学ばせる役割が与えられていて、これは地球のエネルギーの上昇に繋がっていたのです。

しかし今は、誰がいじめたかわからないことが多い。いじめる人間はエネルギーがありあまっているので放っておいても色々としでかすのです。宇宙の観点で言えば、やり方が重要です。公にすることで、他の人が学ぶことができる。

そういう役割がいじめる人間には与えられているのです。

いじめられる人間も以前ならそれから学ぶことがあり、いろんな役割があってよかったのですが、今はそうはなっていないのです。いじめられる人間だけが傷ついて、いじめる人間は自分に害が及ばないようにできるだけでなく、いじめられる人間はいじめがエスカレートすることを恐れて親に何も言えなくなってしまっている。つまり、いじめはエネルギーを上昇させるための学びではなく、個性を抑圧するための手段になってしまっているのです。

これからの地球は「スーパーハピネス」の時代

「大学に行けば幸せになれる」という考えは、もはや崩壊しています。

これからは、地球の中だけの時代から、宇宙の中の地球の時代になってくるのです。そうなると、宇宙偏差値が大事なのです。地球偏差値が高くても、自分の幸福のために役立たなくなります。今まで地球偏差値がものをいったのは、いわゆる、見せかけの幸福の時代だったのです。

見せかけの幸福とは何か。それは、自分が持っているお金、モノ、財産、暮らし、それから人脈、肩書、能力。そういう対象物があったからこそ、初めて人は幸福だと感じたのです。これからの時代の幸福というのは、自分の裕福さとは関係がなくなるのです。優秀星である宇宙社会の星では、みんなそうなのです。彼らの場合、幸福度と裕福さというのは、必ずしも一致しないのです。ほとんどの場合、幸福度の高さと自分の裕福さは関係がないのです。

ドクタードルフィンが言っている「スーパーハピネス」とは、こうした宇宙の中のハピネス。裕福さや能力の有無は関係なく、無条件なのです。無条件での絶対幸福、これが「スーパーハピネス」なのです。

地球は、この「スーパーハピネス」の時代に入ってきます。そうすると「偏差値が高いから」「いい大学を出たから」「いい会社に就職をしたから」「能力があるから」「お金をいっぱい稼いでいるから」「外車を持っているから」……

こうしたものを持っているからといって、幸せとは感じなくなる社会になります。なぜなら、こうした対象物は、いつ消えてしまうのか、と考えて、不安や心配ばかりの人生になるからです。

しかし「スーパーハピネス」は、今自分がここに存在するだけで、自分は幸せだと思える幸福のあり方。永久に持続するものなのです。

この能力こそが「宇宙偏差値」です。

「平等」という概念が、ジェンダーの本当の意義を歪めている

高次元の星では、女性性の強いエネルギーと男性性の強いエネルギーが交流して、心地よくお互い成長しあっている。男性性、女性性というものがそもそも完全には分離していないのです。

しかし、地球人は生殖体まで男女別々になってしまったので、男性性と女性性は全く別なものとして考えられています。これには元々、地球に対する宇宙の意図というものが関係しているのです。

宇宙において、地球には「分離」というものを勉強させようという意図があったのです。地球において男性と女性というのは染色体レベルから完全に違うものであるため、この「分離」を勉強させるには「男性と女性」というテーマが一番適していると考えられたのです。

当初は地球では男女というものはお互いに敬意を持ちあっていたのです。男性にはないけど女性は持っている、女性にはないけれど男性は持っている……そうした違いをお互いに認めて、お互いを成長させ合っていたのです。

しかし、この宇宙の意図にディープ・ステートが宇宙の教えを潰して、自分たちにとって利益をもたらすような仕組みをつくり出そうと介入してきたのです。

第二次世界大戦後の日本においても、憲法の中で「法の下の平等」が明記され、明確な男女別の取扱は差別であるという原則がつくられました。同時に女性が参政権を得たことで、女性は自らが男性と同じように表に立ち、政治に参入するようになりました。

政治を行う上で理想的なのは、レムリア時代がそうであったように男性を影で女性が操るというスタイルなのです。男性を表に立たせて、女性は影で操るというのが良いのです。男性は女性に気に入られるために一生懸命働こうとするため、その習性を活かして女性は表に出ずに影で男性を動かしていたのです。このスタイルは日本で成功し、穏やかで幸福に満ちた愛と調和が保たれていたのです。

ところが「法の下の平等」という決まりができたために、女性が政治や仕事へと男性と同じ立場として進出するようになってしまった。染色体レベルで違うのですから、フィジカル、メンタルにおいて、男女が持つ能力は全く異なるのです。

もちろん、そのことがわかっていれば、何も問題は起きません。しかし、女性は女性だけができることをやっていればいい、男性は男性ができることだけやっていればいい……そういう見方が全くできず、それぞれの違いを認めず、平等という地球の概念によって、男女が全く同じことをしなくてはならなくなったのです。これでは争いが起きるのは当然のことです。平等というわけのわからない概念のために、今の地球は混乱が生じているのです。

しかし、平等という概念によって混乱が起きている一方で、地球においては男性・女性といった分離された存在に変化が起こっているのです。

今、次元上昇して弥勒の世、レムリアの世になってきています。分離の時代を十分にやってきたから、宇宙人のように融合する時がやってきたのです。そのため、中性も出てきているし、男が7・女が3という存在やその逆も出てきている。そういう時代にもなってきているのです。

自分が持って生まれた身体的な性別を、変えたかったら変えてもいい。地球が宇宙から支持された分離を学ぶという課題をこなし、宇宙のさらに高い次元を学べる時代になってきたからそれでいいわけです。

それを、生まれ持った尊厳を汚す、親に対する侮辱だとか。宇宙的に見れば親子関係は、遺伝子は繋がっているけど魂はそうではない。そういう意味においては、地球人は宇宙人化してきているのです。ジェンダーももっと自由化に！　こうあるべき、こうなるべきではなく、あなたはあなた、ありのままでいいのです。人の事に、他人が口を出してはいけないのです。

肉体的には男性、女性……今の地球人である限り、これを変えることはできません。地球人としての身体を持っている限り、遺伝子学的にも男性と女性ということは生まれながらにして決まっているものなのです。人間だけでなく、地球上ではほとんどの動植物には男女の違いはあり、これは宇宙的に意義があることなのです。

学校で男女の区別をなくす、履歴書から男女の性別をなくすということは、地球には性別があるのですから、それに反することになります。その上でエネルギー的にどちらか、ということになります。

例えば体が女性の方はご本人が男になりたくても、思考や感情には女性の傾向も出ています。染色体が女性なのですからこれは自然なことです。つまり、どちらかを片方に、女性性を０にしようとするからおかしくなるのです。どちらかに分離させようとする悪しき意図が働いているのでしょう。

弥勒の世となり、地球が分離を学び終わり、融合する時代に移り変わったことでエネルギー体としての男性性と女性性が融合を始めて、身体的な性別と一致しなくなってきているだけのことなのです。

3次元の低い地球人の中、エネルギーの高い行為を行えば攻撃されるに決まっています。

宇宙の法則では、攻撃されたい人間しか攻撃されないのです。ところが脳で「攻撃されたくない」と思ってしまったら、人間は良くないエネルギーを発信するのです。自分を良く見せようとか、相手を攻撃するような目で見るようになるのです。

もっと攻撃されなさい。攻撃されないから、気づかない。人はもっと攻撃されて、ひるむ一歩手前までいったら気付きます。それぐらいの学びが、今必要なのです。攻撃されて彼らは伸びる。攻撃してきた人に「愛と感謝をありがとう」と言っていればいい。

それを「攻撃する人はわかってない」とか理論で討ち負かしてはいけない。理論は次元の低い存在のやることで、感性でみせる必要があります。

ドクタードルフィンが徳間書店から出した『宇宙人と地球人の解体新書』に書いたように、宇宙の中にも低次元の宇宙人や中次元の宇宙人がいるのです。低次元の宇宙人はエゴが強いので、他者を攻撃することがよくあります。

また、低次元になると自分が介入することが相手をよくする、と勘違いしている宇宙人が多いのです。ディープ・ステートはこうした低次元な宇宙人と関係が強いのです。なぜならディープ・ステートは、昔そういった宇宙人に統率されていたアトランティス系の人が多いからです。アトランティス系というのは、低次元の宇宙人にコントロールされていたのです。そして、戦争を起こさせられていた。低次元の宇宙人を、神だと勘違いしていた人もいるのです。彼ら低次元の宇宙人は、自分が神だと見せかけるのがうまく、大きく見せることが得意なのです。しかし、低次元の人間は、それを見破れない。

低次元の宇宙人も含めて、地球支配を狙っている存在層というのがあるのです。それがディープ・ステート、フリーメイソン、イルミナティにおける、スーパートップよりちょっと下のトップ層なのです。スーパーがついているのは、全て物事がわかっているので私と交渉ができるけれど、その下のトップ層は交渉できません。繰り返しになりますが、トップ層は悪いことをしているという自覚があります。けれど彼らは下の人間に対し、「これは良いことなんだよ」と指示をするため、下の人間たちは自分たちの行為が社会にとって悪影響であることの自覚がないのです。

「ジェンダーレス」や「ジェンダー平等」だと言って平等を装ったり、世界の飢餓になるのだというような不安や恐怖を人々に意識づけたり、それらは地球人を騙して闇のトップたちが自分たちの利権を得ているにすぎません。

第3章

アソビノオオカミからの霊教

地球人の思考様式、行動様式を完全に変えなさい

地球は、集団行動の星なのです。集団思考、集団行動が今の地球人を作ってしまった。しかし、それは安定して生きるために必要だったことで、地球人は集団に入る事で安全性を保ってきたのです。

地球の今までの支配者たちは「集団で思考すれば安全だよ、安定するよ」と、教えてきたのです。そして、地球人はみな自分を危険にあわせたくなかったために、その流れに乗ってしまっただけなのです。

品川駅の朝のラッシュの様子を見なさい。駅のターミナルをまるで津波が襲うかのように、全く同じ方向、同じ歩調、同じように無表情な人々が、同じ距離を保ちながら歩いています。誰一人としてそこからはみ出ない。あれこそが、今の地球の代表的な風景なのです。もう、地球人はマヒしてしまっているのです。あの中にいて、何もおかしいと感じないのでしょうか。

そして人々は「三密は避けるべき」と言いながら、超過密な車内へと流れのままに電車に乗り混んでいきます。本当に矛盾しています。いくらレストランで距離をとって会食していても、これでは意味がないのです。

そして、マスクをしているから、よけいに不潔な空気を体内に取り入れることになっているということにも地球人は気づいていません。「空気がよく吸えないし、二酸化炭素はマスクの内側にたまるし……」と言いながら、マスクを外そうとはしないのです。マスクをしていると口の中がうまく換気できないので菌が繁殖し、それをまた体内に吸い込んでいるのです。あんな不潔な環境はありません。

まさに「地球ゾンビ」の集団なのです。同じことをしていないと不安でしょうがない、同じことをしていないと人から批判される、人から批判を受けたくない、いい人でいたい……まさに同調圧力のあらわれです。この同調圧力をいかになくしていくのかが、今の地球人にとっては、一番の課題なのです。

宇宙から見て、今の地球のような星は他にはないのです。品川駅の風景のように同じ速度、同じ距離を保ちながら、無表情で歩く人類たち。けれど、その人々にも、それぞれに家庭があり、一人ずつ仕事を持ち、みんな違った趣味に興じているはずなのです。みな性格も違えば、考えていることも全く別々なはず。でも、どの人も全く無表情で、何を考えているのかさっぱりわからない。こんな風景は地球だけなのです。地球が極端に同調圧力である象徴のような風景だと言わざるを得ません。

今目醒めないと、ワクチンを打たれて、よけい同調圧力に従う人間ばかりができあがってしまう。都心部だけでなく、田舎も品川駅の風景のように同じ思考をして、同じ行動をするようになってしまうのです。こうして全国各地で「地球ゾンビ」が増殖していくわけです。

なぜ「ゾンビ」なのかというと、同調圧力に屈していない優秀な地球人をゾンビが襲ってゾンビにしてしまうから。今の地球人の生きる基盤となっているのは不安や恐怖、そして、周囲や社会への体裁です。「地球ゾンビ」はこうした不安や恐怖を周りに流布し、自分たちと同じような「地球ゾンビ」をつくり出しているのです。今の地球は、この「地球ゾンビ」の存在によって地球の次元エネルギー、そして人類と地球のいわゆる振動エネルギーである波動を下げてしまっているのです。

地球の次元を上昇させるため、自分自身に愛と感謝を送りなさい

宇宙において、今何が求められているかというと地球の次元上昇なのです。地球と人類が次元上昇することで、振動エネルギーが上昇します。そうなると振動数が増えて波動が高くなるために地球はエネルギーの高い自由な星になるのです。これを宇宙は必要としているわけです。

それを地球のトップ層による最後のあがきが阻止しようとしているのです。

この最後のあがきがとても強烈なのです。

ただ見守るだけのスーパートップたちのエネルギーが変わっても、実際に社会を動かしているその下のトップたちはエネルギーが変わることを拒否し続けている。地球人は、またもこのトップの策略に陥って、進化を遅らせる結果になってしまっているのです。いや、違うのだ、と地球人には今気づいて欲しいのです。

今の地球に求められているのは、品川駅のあの流れを逆行する人間。もし、あの流れに逆らって歩こうものなら「この野郎、なに逆流してるんだよ！」と、何千人からにらまれることになるかもしれない。だから、誰もこれをやろうとはしません。社会の体裁というものがあるし、変な人間と見られたくない……一人逆行することで、自分たちのやっていることはもしかしたらおかしいのではないか、と思わされる力もそこにあるのです。

今の地球人には、誰一人として流れに逆らう力はありません。もし力に逆らっても途中でまずい、にらまれると思ってやめてしまう人がほとんどなのです。これが大きな問題なのです。

地球が「弥勒のふるいわけ」で、どちらの方向に進むのか。次元上昇できるのか、はたまた影のディープ・ステートの望み通りに次元降下してしまうのか。今はそのターニングポイントに来ているのです。

次元上昇のポイントになるのが「ブラック&ホワイトホール」です。最近超巨大なものが宇宙で発見されましたが、超極小のもの、中間のもの、目に見えない形など、あらゆるところに大小さまざまなものが宇宙と地球には存在しています。

次元が高い星というのは「ブラック&ホワイトホール」がより多く、より大きくて、どこからでもブラックホールに吸い込まれて、ホワイトホールから出ることができるという特徴があります。しかし、地球にあるものは小さくて数が少ないので大した変化は起きないのです。

地球人たちに今必要なのは、自分自身に愛と感謝を送ること。自分に愛と感謝を向けられる人は、今の自分に不満を感じることがなくなると同時に、人を批判し攻撃することもなくなります。そして、いつも自然体のままでいることができるのです。

人類の大多数がそうなれば、どんどんブラックホールとホワイトホールが増えていくのです。今の自分を高次元に吸い込ませて、高次元の状態で地球に出てくることができる。だから一気に変わる。それがパラレル宇宙である「シャボン玉を乗り変える」ということなのです。

「シャボン玉を乗り変える」というのは違う見方をすれば、ブラックホールに吸い込まれて、ホワイトホールから出ることなのです。地球人として今大事なのは、愛と感謝で自分たちを捉えること。自分を愛と感謝で捉えられたら、他人のことに興味がなくなっていきます。そして他人や社会を攻撃しなくなります。今ネットで自分以外を誹謗中傷している人が多いのは自分に不満があり、愛と感謝をいだけないからなのです。本当に次元が上がり進化している人間は、他人のことに興味がないのでSNSに他人を誹謗中傷するような記事をアップなどしません。こうした内容の記事を上げているのは「自分は低いぞよ」と、自分で自分のことを言っているだけなのですが、今の地球にはそういう人間が多すぎるのです。いろんなSNSを見ていると、自分以外のことにエネルギーを使っている人が本当に多いのです。自分に不満があって、愛と感謝がない。だから他人のことを「ディス」るのです。

「ブラック&ホワイトホール」を増やして進化するには、自分たちが持っている意識が全てだということを地球人はあまりにも知らなさすぎます。地球以外の進化した星たちは、意識がモノをつくるとか、意識が体験をつくるということを、全て知っているのです。ただ、地球人の多くがこのことを知らないだけなのです。

いい加減一つの世界に執着をするのはやめなさい

地球人は「健全な体が健全な心をつくる」と思っています。そのように考えている医者も多いのですが、これは宇宙の法則をわかっていない。本当は逆なのです。高次元の宇宙では、健全な意識が健全な心と体をつくるとわかっているのです。

地球人は、今自分が体験している一つだけの宇宙、一つだけの地球、一つだけの世界を生きているとしか考えていないのです。しかし、高次元の存在になると、今体験しているのはいくつかの選択枠の中から自分自身が選んだ宇宙の事だとちゃんと理解しているのです。そして、同時に選ばなかった世界があり、

1秒後に自分が選ぶであろう世界、選ばないであろう世界があることがわかっている。

しかし、地球人は一つの世界しかないと思い込んでいるので、集合意識によってつくられた道の上しか通ることができないのです。この唯一の道しか通ることができないので、大して変われないし奇跡は起こせない。奇跡の世界では、集合意識によって「この道しかない」と言われていたとしても、自分は1秒後、10分後、1時間後に他に選ぶことができる世界にも行くことができるようになるのです。

いい加減一つの世界に執着をするのはやめなさい。あなたの前には常に無限大の世界があって、その中からあなたが選択しているだけなのです。

例えば、あなたが10人の人間と意識が連動していて、それぞれに見ている映像をシェアすることができれば、そこには10通りの選択枠があり、その中から一つを選んでいるということを容易に理解することができるでしょう。しかし、今の地球人は自分が見ている映像しか見ることができませんし、他の人も自分と同じ映像を見ていると思い込んでいるのです。このように集合意識が「これしか選べない」と思い込まされている同調圧力というものが可能性の道を選べなくしている。だから、地球人は今のままでは奴隷への道をまっすぐ進むよりほかないのです。地球人はいい加減、目を醒ますのだ！

バカにされること、見下されることをやりなさい。狂気の沙汰をやりなさい

土の時代から風の時代になったことで、目で見えるモノの時代から目に見えないエネルギーの時代へと変動しました。今まで目で見えるものが全てと考える時代でしたが、これからは松果体《しょうかたい》で捉える直感、感性、センスで生きる時代になったのです。

直感、感性、センス。こうしたものは脳を通らないので、脳でモノを考える3次元人間は拒絶してしまうのです。今まで教育されてきた事では受け入れられない世界なので、だから拒絶をしてしまう。あなたの脳は受け入れられない事はやるな、と無意識に判断してしまうのです。これは、3次元の世界に染まっている証拠です。

脳が受け入れられない世界を受け入れなさい。あなたの直感や感性、センス、そして、本当にときめく事、楽で愉しく感じること、そういう松果体で受けているものを素直に享受しなさい。それを誰が非難しようと、誰がバカにしようとやり続けなさい。特に今の低次元の地球と人類がほめること、認めることをやめなさいということなのです。

バカにされること、見下されることをやりなさい。狂気の沙汰をやりなさい。中途半端におかしいとか、ただ「狂っている」というのではなく、エジソンやアインシュタインのように狂いきりなさい。

狂いきるとどうなるか。初めのうちは自分の周りから人が離れて、後ろ指を差されて悪口を言われることがあったとしてもやり続け、その人がずっとその宇宙を選択し続けると、周りの人間もそのパラレル宇宙に入って来る。そして周りの人がその人を褒めるようになり、その人に興味を持ち始め、その人に寄ってくるのです。そして、次はその周囲に集まった人の元にも他の人が寄ってくるようになるのです。

先に全部決めて最後は帳尻を合わせるだけで、つじつまを合わせてから何か決めようとするのは、地球だけなのです。先に決めてうまくいかなかったことは、うまくいかないはずのものだった、それだけのことなのです。

物事に地球の評価を求めてはいけません。本当に求めるべきは、宇宙の評価なのです。地球ではバカだ、と周りから言われていたとしても、愛と感謝を自分に持っていればそういう人は宇宙からは光り輝いて見えるのです。

幸せの定義を壊しなさい、自分だけの幸せの定義をつくりなさい

これまでの次元の低いスタイルというのは「こういうものが幸せ」「こういうものを追い求めなさい」「こういうものになりなさい」と、社会は「これが幸せ」と全員に強制し、人類を誘導してきたのです。だから争いが起きる。

魂が満足しないのは当たり前で、満足しない人間がいろいろ反乱を起こすようになるのです。本当の自分の魂が望んでいることをやっていれば、宇宙のサポートが入るので必ず実現されますが、地球では自分の魂が望んでいないのに社会が求めることをやらされるので反乱が起きるのです。

今までの平和とは基本的人権や平等、誰もが同じものを共有させられてきたから、争いや紛争が起こってしまったのです。それが地球の一番の低次元なところなのです。

幸せの定義を壊しなさい、自分だけの幸せの定義をつくりなさい、それが無

条件の絶対幸福。いわゆる、スーパーハピネスです。

スーパーハピネスは社会が提示するものではなく、社会があっと驚くようなものや人からは認められないようなことかもしれませんし、一人ひとりその定義は違うはずです。一人ひとりがスーパーハピネスを実現すれば、地球は超平和になるのです。

一つだけ突出させて、あとは全部わざと欠点を作りなさい

宇宙的な観点で語れば、あなたたち低い次元の地球人たちの目の前で起こっている物事の意味が、これからひっくり返ることになります。給料が高い、お金があるのが幸せ、物をたくさん持っているのが幸せ、人脈があるから幸せ、肩書があるから幸せ、家族が円満なのが幸せ、恋人、夫婦が愛し合っているのが幸せ……これが全て全部ひっくり返るのですから、地球人にとってはとても

強烈なものとなるはずです。

社会の中で今まで幸せだと思って生きてきたものが、実は反対の方が魂は幸せだ、という真実を知ることになるのです。お金がない、社会的に地位がない、友達もない、家族もいない、能力がない、仕事がない……その方が魂のためには良いことなのです。

地球人の魂は、今は眠っています。心と体だけを働かせて、魂がさぼっているのです。地球はもがく星だから、今まで提示されてきたのとは逆の体験をすることで、ハングリーになって、魂はより急上昇するようになります。

宇宙が1秒後、全く違う世界になるかもしれない、1年後は全く違う世界になるかもしれない、というのに、地球人はおそらく1秒後も、10秒後も全く同じだ、大して変わらない、と思い込んでいるのです。

しかし、それは瞬間的に変われるもの。給料がない自分、給料がある自分……そんな自分が、いっぱい存在しているのです。

高次元の宇宙人は、このことを知っているから、悪い状況を愉しむことができる。地球人が不幸といわれている状況を嘆かずに、ゲームを楽しむかのように、マイナスに向かうのをポジティブに捉えているのです。そして、自分が「これだ!」と思ったものを渾身の力で掴み取ることができる。いいことを掴む力というのは、悪い状況になった方が強くなるのですが、ほとんどの地球人はそれをわかってはいない。

こうしたことをやるためには、今まで地球で作られてきた「平均でできる良い人、良い人間」という既成概念を全部捨てなさい。社会がそれをつくってきたのは、ただ、統率しやすい人間をつくってきただけのことで、宇宙ではそんな人間に価値はないのです。今地球人で高価値と言われているのは、無価値な人間なのです。

宇宙的に価値があるのは一つの事だけが突出していてあとは全部できない人間なのですが、地球人では「一つだけ突出して、あとは平均的にできる」ということに価値があるとされています。しかし、これでは、一つだけが大きく突出していることにはならないのです。前者の方が、陰陽のバランスも良いのです。

一つだけ突出して、あとは全部わざと欠点を作りなさい。平均になってはいけないのです。

今の人類は周りから悪く見られたくない、全部平均にして一つだけ伸ばそうとしているからできないのです。一つだけ飛び抜けてできるなら、宇宙では称賛されます。

「失敗を求めなさい」「繰り返す挫折」。

地球人は挫折を1回、2回、3回でやめているから、地球もなびかないし宇宙も応援してくれない。地球人はもっと、挫折を繰り返しなさい。そうすると宇宙が、宇宙の高次元がサポートしてくれるようになるのです。

人に迷惑をかけなさい

何事もやり通すことから生まれる、そういうふうに宇宙はなっているのです。この法則はどの次元も同じルールが成り立っているのですが、低次元な星ほど今までの常識、固定観念から「このルールが成り立たない」と思ってしまっています。

例えば、ここに掃除をしないAという人がいるとします。

宇宙では、みんなが楽（以下同様）で愉しい、というのが条件になります。だから、掃除しないのが楽、または、自分が何かに熱中していて掃除ができない、だから掃除をしない、ということもあるはずです。それならば、ゴミの山になったとしてもそのまま放っておけばいいのです。そのうち、誰かが「私が掃除をしてもいい？」と言ってくれる人が現れるかもしれませんし、掃除をしなくてもいいパラレルがあって、そこにAが飛んでいけば掃除をしないのが当たり前ということになります。こういうふうに色々な選択が考えられるのが宇宙のあり方なのです。

物事を義務感でやっていると必ずうまくいかなくなります。掃除も義務だと感じるのならやらないほうがいいし、掃除をする人を雇う、という選択もあります。もちろん、人を雇うためにはお金が必要にはなりますが、そういう選択をすると、そのお金が勝手に生まれてくるものなのです。

よくテレビで取り上げられているゴミ屋敷がいい例です。自分は心地いいけれど、周囲は臭くて困りますし、これまでの地球の日本の神様のレベルだと「人に迷惑もかけるからダメだ。嫌われる、だから掃除をしなさい」と、言うに違いありません。でも、ゴミ屋敷でも、本人がとにかく楽で愉しく心地いいのだから掃除しなくてもいい。悪臭を出すのも、そこには役割があって、学ぶこともあるのです。もし、ゴミ屋敷の近くを通って、悪臭を嗅ぐのが嫌だったら少ししたらそこから離れればいい。もし不快な思いをしても「そういうものを体験したのは運が悪い」と思えばいいのです。もしくは、そういう時に周囲から非難されたとしてもゴミを拾えばいいのです。毎日拾い続ければ、やがて同じようにゴミを拾う人が集まりムーブメントが起こるかもしれません。

「ゴミ屋敷の住人にしても「あの人は変だ、あの人は非常識だ」と言われても、掃除をしないこと。どんなことでもやりきることが大切なのです。やりきると、そのうちに何か踏み出すことになるのです。もしかしたら、何か新しい菌が生まれてその細菌が人間のエネルギーを上げるものかもしれない、何か治療薬に使われるかもしれない、ということが起こるかもしれません。

人間はみなさんが思っている以上に適応力があり、いろんな適応力を発揮できるのです。今は常識や固定観念の丸い世界、角のない世界で暮らしているから、適応力がすごく低い。しかし、もっとひどい環境に生きるようになると、適応力が高くなっていくのです。

人に迷惑をかけなさい。地球レベルで「人に迷惑をかけるな」というのは「いい人になりなさい」ということなのです。しかし超高次元から言うと、迷惑をかけるということは自分をフルに出しきるということでそこには深い意味があるのです。

地球の神様のレベルだと「刑務所に行かないように迷惑をかけなさい」というでしょう。ところが、宇宙の観点では、本当に自分をとことん変えたいなら「刑務所に入れ」と言うのです。

刑務所に入れられたら、当然前科がつきます。刑務所に入ることで自分にとっては辛い思いをすることにはなりますが、それがまた大きな力になるのです。

しかしだからと言って、人を殺してもいいのかとなると、そうではありません。宇宙では殺す役割、殺される役割をお互いに約束するのですが「殺していい。殺します」などという進化のための遊びをするのは、宇宙の高次元の星です。何事も選択をするためには、どうしても理由が必要なのです。

他人を助けてはいけない

愛と感謝について、中途半端な使い方をしてはいけません。これは、中途半端なスピリチュアルリーダーたちに向けた警告です。こうしたリーダーたちが言っている愛と感謝は、全く宇宙的なものではなく、ただ言葉をきれいにしただけの低いエネルギーなのです。

口で愛や感謝を語る人間は、本当のことを語ってはいません。愛と感謝を口にする人間ほど、愛と感謝とは逆に生きています。宇宙的な愛と感謝は、言葉にならない。文書にできないのです。

なんとなく自分が愛おしいし、ありがたい。ただ、これだけのことなのです。それは、感覚や感性から出てくる感情なので、他人に語るものではありませんし、それを言葉巧みにきれいな言葉を並べて、愛と感謝を語るのはただ自分をよく見せたいだけの低級な人間なのです。今のスピリチュアルリーダーたちの愛と感謝というのも同じようなことで、ただ自分をよく見せたいだけの見せかけのものが多いのです。宇宙的に見れば、愛と感謝でも何でもなく、一言で言うのなら「偽善」。スピリチュアルリーダーたちは「愛を社会に送るため」「平和な世の中を作るために働きなさい」とよく口にしますが、あれは宇宙的な教えではないのです。彼らのいう愛と感謝とは、いわゆる他人への無関心と冷たさに対する言葉です。けれど他人ではなく、自分へ向かう愛と感謝こそが宇宙的な本当の愛と感謝なのです。

他人を助けてはいけないのです。他人を助ければ、自分を助けることができなくなります。本来、人は他人を助けるためのエネルギーを持ち合わせていません。他の人のものを譲り受けることはできないのです。

自分を助けることで、それを見ている他人が助けられる。そこをわかっていないから、地球人たちは低次元のままとどまってしまっているのです。もがきたいのなら、もっともがきたいのだから、もっと突き落としてしまえばいい、それが、宇宙の法則なのです。

自分に対する愛と感謝のために働きなさい。それが自ずと社会のためになります。

家族形態にこだわりすぎない

地球人は、家族形態にこだわりすぎています。これは、大宇宙大和神《オオトノチオオカミ》も言っていることです。今地球に何が起こっているかというと、世間体をよくするためにきれいごとを言っているのですが、家族が幸せであれば世界はどうなってもいい、と考える人がとても多くなっているのです。家族やパートナーが死んだらすごく悲しくて、それ以外はそうじゃない。あまりにもリアクションが違いすぎるのです。

宇宙的視点で見ると、魂というのはいろんな星から来ていて、親子関係の場合はたまたま親と子として魂が入った（ソウルイン）だけで、魂の経歴は全く関係ありません。高次元の宇宙はそれがわかっているから家族というものにこだわらないし、家族というものをつくらないのです。

地球人が、どうして紙切れ一つで結婚というものをするのか。地球の男女の愛というのは宇宙愛というのとは全く違います。地球人の男女愛というのは、パートナーの愛は自分だけのもの、パートナーの気持ちが自分だけに向くのが愛だと思っています。しかし、宇宙愛というものは、四方八方に向いているのです。

元々地球には、男女の対があって、子供は父親、母親がいるべきという観念が強い。これにより、子供も自分の父親、母親が欲しいと思うのです。

しかし、宇宙の子供、高次元の子供は、生まれたあとは自由なのです。もちろん宇宙の子供、高次元の子供にも父親や産んだ母親はいて、それは特別大事とは思っています。しかし父親、母親は産んでくれるだけでいい、後は関わらなくてもいい……子供にすれば、そこはどうでもいい、という考え方なのです。

地球の場合は、子供は父親や母親に愛されたい、と考えるからおかしくなる。愛情が欲しいから、というけれど、宇宙での愛情というのはそういうものではないのです。あまりにも親子の愛情が執着しすぎているから、地球は成長できない。

もっというと、宇宙全体の高次元の世界では、誰の子供かということさえわからないのです。宇宙人はノン・セックス、セックスレス・チャイルドで、それぞれのエネルギーが結合して子供ができる。けれど、誰と誰のエネルギーから発生した子かわからないから、平和なのです。

結婚という制度をなくして、誰の子供かわからない状態に……。しかし、これは、今の地球次元の状態だと難しいことです。愛と感謝がないから、まだ早いのです。でも、こういう社会が宇宙にある、ということを知ってもらうことが大事なのです。

怖いのは、こうしたスピリチュアルな観点がディープ・ステート側に利用されてしまっていることです。例えば、日本人の男性と外国人の女性が愛人になる。日本人の男性が亡くなった場合、今の日本の婚姻制度では、財産を相続するのは本妻や子供だけではなく、特別縁故者と認められると愛人であっても財産分与がなされるようになるのです。こうした仕組みをうまく利用して、中国系や韓国系のディープ・ステートが日本の物資を得ようとしている動きはあるのです。宇宙の観点からすると夫婦関係などはなくてもよいのですが、地球はこれがないと生きていけないから、それは闇の勢力であるスーパートップの下のトップたちが宇宙の法則と地球の現状をうまく利用して、こういうところを上手くついてくるのです。

宇宙には家族はない。お金もない。自分のエネルギーだけでお金のようなエネルギーを得る。女性も自分でこうしたエネルギーをつくり出すことができるので、男性には頼らず一人ひとりが独立している、それが宇宙なのです。

一人ひとりが独立しているから、家族はいらないのです。弥勒の世は「個の独立と融合」。融合は個が独立していないと起きない事実なのです。

家族、友、社会から見放されなさい。そして、敵をつくりなさい

家族、友、社会から見放されなさい。これは地球人にとっては、強烈な言葉です。

地球人というのは、家族や友達、社会から見放されるのが嫌で、一生懸命し

がみついて我慢して生きてきているのです。

人や社会から見放されることを受け入れられる人間が、いかに少ないことか。地球人は人や社会から見放されないように生きている。だから宇宙の法則とは逆なのです。

彼らが必要としているモノの駒となってはいけないのです。あなたのエネルギーが上がれば、やがて彼らにとっては手に負えなくなってしまう。だから、抑え込もうとするのです。そこから離れて、エネルギーを上げなければならないのです。

平和という状態を今、国にしても、政府にしても、世の中につくろうとしています。

しかし、それはつくるものではなく、愛と感謝を抱く人間から勝手に生まれてくるものであって、無理につくろうとしてもつくることができるものではないのです。

何事も計画はせず、思いつきで、感性、直観、センスで決めればいいのです。友達はつくるな。人は裏切るし、嘘をつくのは当たり前だ。

地球人は脳で生きているから、嘘をつき、裏切る生物なのです。友達をつくるのなら、宇宙の存在を友にしなさい。また、敵をつくりなさい。地球人は敵をつくらない。敵はあなたを最高に進化させてくれる財産なのです。

組織に属してはいけない

組織に属してはいけない。もちろん、人々の日々の生活を支えているのは、組織の中で細々と働いている人たち。それは理解できるのですが、地球人の低次元の感覚であると言わざるを得ません。

宇宙人のように高次元になるためには「食べるな、飲むな、眠るな」。地球人は、食べて、飲んで、眠るために、義務で働いているだけであって、高次元の存在になれば、最終的にはそういうものはいらなくなってくるのです。

食べたいと思えば、自分のエネルギーが高ければ、食べる物は最低限のものは調達できるようになります。自然の木の実でもいいし、最終的には食べなくてもいい。服も、一年中同じ服でいられる。そのように進化していくのです。今みたいにがんじがらめで食べる物を要求して、すぐ供給できる環境の社会をやっていったら、昔あったはずの人間の適応力は眠ったままなのです。

そういうふうに考えていくと、組織に入らないこと、食べる物をつくる人間にならないことです。そうすれば、組織を作らなくても自分一人で環境を作ることができる人間が現れますし、しばらくの間は地球人も混乱することになりますが、そこは通過点の一つとして通っていかなければならない道なのです。

そんなふうに、一瞬で変わるのです。そうすれば、会社や社会に頼る必要はなくなるのです。今の地球では組織に属し、自分の能力に応じて給料をもらっている人間がほとんどですが、地球が進化すれば、そんな社会はなくなっていくのです。

自分の能力で自分を生存させられるエネルギーが、今の地球人には欠如しているのです。食べ物とか給料、衣服などを自分で調達できる力を養わないと、弥勒の世から振り落とされてしまいます。


今、都会を離れて、古民家などをシェアハウスとして活用して、自給自足で生きようとしている人たちが増えていますが、これは低い次元の人間たちが寄せ集まって、高い意志を持ってやっているだけのこと。ポーンってエネルギーが上がってしまえば、人は珪素化してしまう。ほとんど食べなくていいし、一人でいてもいい。次元の低いエネルギーの人間が崇高なことを言っても、それは、マスターベーションにしかすぎないのです。

そんなことより、先にもっと次元を上げなさい。次元を上げた上でつくる、これが理論的な社会なのです。今の次元で語っても始まらない。ドクタードルフィンには、誰もついて来られない。今の地球人に、私が語る話をまともに理解することなんてできないのです。しかし、そういう世界があるということを知ることが、とても大切なのです。

貯金をしてはいけない

お金を喜ばせて使えば、喜ばせた人の元に帰って来ます。宇宙では、お金とはエネルギー体のこと。お金を使うことは、自分のエネルギーを他者に受け渡すための一つの手段なのです。自分のエネルギーを外に発信しなさい。そうすれば、エネルギーがまた、自分の元に帰ってくるのです。

しかし、貯金というのは、不安と恐怖からくる地球上のシステムの一つに過ぎません。ディープ・ステートが不安や恐怖をあおって銀行に人を引き付け、お金を預けさせているだけのことなのです。これでは、エネルギーが外に向かって発信することができません。

ただ、この貯金と借金を同じシステムだと勘違いしてはいけません。借金をするためにはエネルギーが高くないといけない。エネルギーが高ければお金は寄ってくるのです。借金をすることで、さらにエネルギーを発信することができますし、お金を喜ばせる使い方をすれば、またそのお金が自分の元へ数倍または数万倍になって帰って来るのです。

しかし、問題なのは「借りたら、返さなければならない」という地球の仕組みです。親子の関係で言えば、親は子が生まれてきたから、歳をとったら面倒をみてもらえると思うのは大間違いで、子供は生まれただけで親への恩返しをしているのです。

親子関係において「ギブアンドテイク」ということは、与えたらその分を代償として返してもらう、ということではないのです。与えたらそのエネルギーを次の世代、次のところに譲り渡していくということで、それが宇宙的な観念なのです。そういう意味においては、融資を受けるという観念もおかしなものと言わざるを得ません。

銀行は超3次元。だから弥勒の世になると銀行はなくなる。不安や恐怖、エゴや自己営利でできているものは、弥勒の世では全て消えていくのです。

規則正しく生活をしてはいけない

規則正しく生活をしてはいけません。「規則正しい生活」という習慣は、ディープステートが作ったのです。江戸時代は、もっと時間に関する感覚は適当でした。3食食べると胃腸に負担がかかってしまい、余計病気になるので2食でいい。本当は食べなくていいのです。今胃腸の病気が多いのは、胃腸を働かせすぎているからです。「朝昼晩、決まった時間にきちんと食事を摂りましょう」というのは、本来間違った感覚なのです。

眠りたいなら、眠ればいい。眠る必要がなければ、眠らなくていい。しかし、地球人は「眠らないと明日仕事だし、体が悪くなる」と教えられているから、睡眠剤をとってむりやり眠ろうとしている。眠らなくても、ルン、ルンと生きていたらいいのです。

天気予報で、冬に北風が吹き始める頃になると「今日は寒いから、外出時にはコートのご用意を」などと言っていますが、一年中Tシャツで過ごしたら、適応力ができるのです。

家を持ってなくても、人は外でもある程度生活ができるのです。しかし「家を持たせないとダメ」という観念を作ったのも、ディープステートです。江戸時代は、家を持っているのは大名か一部の富豪だけで、ほとんどの人は家なんて持っていなかったのです。

栄養を取れ、バランスが……なんて言っているけど、好きな物だけ食べればいい。食べなくても、もちろんいいわけです。「規則正しい生活をしなさい」というのは、ディープステートが人間を劣化させるために流布している情報なのです。そこに惑わされてはいけないのです。

人の話を聞いてはいけない

人の話を聞いてはいけない。「人の話をちゃんと聞きなさい」と、地球人はいまだに教えられています。人の話など真面目に聞いていたら、魂が元気でなくなってしまうのです。

それぞれの魂が望んでいることは、それぞれに違っているものです。人は脳で、集合意識で話しているわけですから、聞く方の魂にとっては役立つことなんて絶対にありません。だから、周囲の話をぶっ壊せばいいのです。相手がつまらない低次元の話をしているなら、あなたが最高に喜ぶことで、ぶっ壊せばいいのです。

嫌な運動はしなくてもいい。「リハビリしないとダメよ」「もっと動きなさい」と言われても、そんな言葉には耳を貸さず、ずっと寝ていればいいのです。家の中だけ歩いていれば、それでいいのです。無理やり動かそうとするから、骨や筋肉にダメージを受けることになるのです。

更にいえば、食べたくないのにチューブで栄養を入れ、内臓が働きたくないのに無理に働かせるから、内臓系が壊れるのです。

脳を使い過ぎるから、眠る必要があるのです。脳を使わず座って感性やセンスで生きれば、眠る必要はないのです。

いい死に方をしなさい

いい死に方をしなさい。生き方はどうでもいいのです。

生き方は自分が本当によければ、どんなことも正解なのです。死ぬ間際「自分の人生は、最高だった」と感じることができることが、重要です。そして、次のいい宇宙を生きることができる、というものなのです。

あえて身体的性別を選んで産まれてきている

男性性、女性性にこだわらないこと。中性もOKです。一人の中で全てを演じられるようになればいいのです。

宇宙的には、女性性、男性性というエネルギーはあるわけです。宇宙で男性性を生きていたら、地球ではわざと女性を、逆に、女性性のエネルギーはわざと男性として生まれてきているのです。大事なのは両方持っている、ということなのです。女性を地球でやっている人は、高次元のDNAエネルギーは男性。魂が目醒めてくると、これを感じることは、自然なことなのです。エネルギー

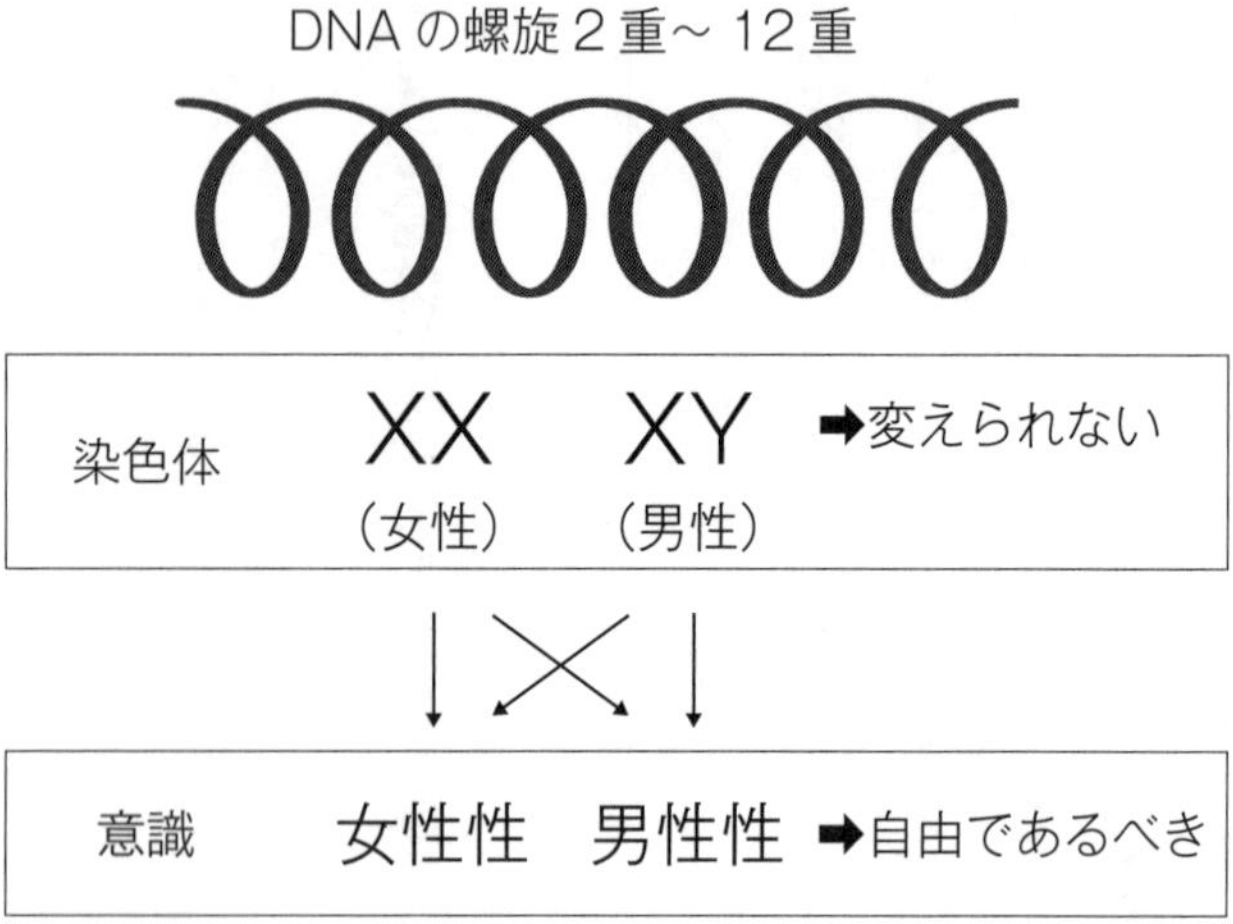

体は女性で、身体的には男性の体でも、女性になれるように、中性になれるように、そういう訓練をしておきなさい。宇宙の高次元はみんなそうだから、今のうちにそういう感覚を持つようにすべきです。

宇宙的には男性性、女性性があっても、染色体で男性、女性というのは、地球だけです。宇宙の方針で、地球人には分離から融合を学ばせるため、敢えて染色体で男性と女性に分けたのです。土の時代は染色体による男女区分だけでしたが、風の時代になると、目に見えない感情や意識による男性性、女性性が現れてきました。これは、身体レベルの染色体による男性性、女性性だけだと正しく語れません。体はそのまま染色体による区分が残っていながら、意識は次元上昇しているので、意識レベルによる男性性、女性性というものが出てきているのです。だから「身体的には男性だけど、意識的には女性」ということになります。意識が女であったとしたら、染色体はＸＹ（男性）であっても女性だと認める。

ＤＮＡというのは、二重螺旋《らせん》構造になっていて、これだけだと染色体レベルの話です。しかし、これに四重螺旋、六重螺旋、八重螺旋、十重螺旋、十二重螺旋というものがあって、四〜十二重は目に見えない世界。大宇宙ではここで男性性、女性性が物語られているのです。

履歴書に男女の区別があって構いませんが。肉体の性別を明記した上で別の記載をしないといけないんです。エネルギー体はどちらの性かと。

第4章

アソビノオオカミからの直伝

語り手・アソビノオオカミ

私（アソビノオオカミ）は、最初に人格を持った宇宙存在神。本当は、見守るだけの存在なのだ。大宇宙大和神《オオトノチオオカミ》は地球に降臨し、地球の社会というものを理解しているが、私は地球の人間を知らない。そこで、大宇宙大和神を通して得られる情報を元に、地球、そして、地球人にアドバイスを与えるとしよう。

地球には、いろいろなルールがある。憲法や法律、目に見えない常識、固定観念、そして、同調圧力。こうした、今あるものは、地球の次元を落とすものなのだ。全て、例外なく。今、地球のルールで残した方がいいというものは何一つない。

「それなら破壊された方がいい」と、地球の感覚では思うかもしれない。

ルールなんてつくるから、地球人は本来のあるべき姿から、生命体から遠ざかってしまうのだ。

地球のルール……法律がどうだ、とか、憲法を改正するだとか、そういうことは、宇宙の高次元から見れば、本当にどうでもいいこと。人類の本当の進化にとって、必要なものではない。そして、国会でやっているような論争も、地球が進化するためにはほとんど意味がない。

こういうことは、宇宙でもいっぱい起こっている。低い次元の星では、次元が下がって、その星はダメになっていく。

宇宙でも、次元を下げていく星と上げていく星がある。ここには、大きな差があるのだ。今の地球は次元が下がっている。だから危ないのだ。このまま放っておくと、ますます次元が下がっていく。

同調圧力でやっていたら、地球自体の次元が下がって、変なヤツに統治され、地球人はどんどん騙されていくのだ。変な統治、闇の統治から脱出するには、今の政府や役所、専門家、メディアとか、医療とか、教育に頼るな。絶対にダメだ。だから、私がこの時期に出てきたのだ。私も、堪忍袋の緒が切れてしまった。このままじゃ地球人は、全員奴隷になってしまうぞ。

宇宙の優秀な高次元の星たちは、今、自分たちが感じたものを表現しあっているだけだ。しかし、地球人は、そういうことが全くできていない。

国会答弁の時には、紙を見ながら答えているが、そんなもの、人類の役に立つのか。

自分をよく見せよう、自分を守ろうとするエゴや保身、そんな濁ったエネルギーが載っているものを読み上げるのは、もうやめなさい。いつまで低次元のやり方を支配者として見せつけているのか。これだから、リーダー失格なのだ。

これからの地球人のリーダーは、直観、感性で意識を人に伝えていく存在でないとダメなのだ。

地球人は今、いい総理を選ぼうとしている。いい国会議員を選ぼうとしている、国会議員に良い策を出させようとしている。これも全部ダメなのだ。そんなものは、状況が変わったら絶対裏切るのだ。自分の立場というものを守るために。

今の国会議員は、心で何を考えているかわからない。一つの方向に向いていると見せかけて、自分の心は全く違う方向を向いている。そして、情勢が悪くなるとすぐ矛先を変えてしまう。

今の政治形態は、とにかく立候補する人がうわべだけ飾って、口当たりのよい事を言っていれば、当選し議員に選ばれてしまう。議員になってしまえば、あとは自分たちのもの。だから、なるまでは本性を隠して、騙して、当選してしまえば、あとは体裁だけを取り繕うだけなのだ。そして、政治家たちは私腹を肥やす、そういう社会が流れるだけだ。「政治家が悪い」と嘆いてもしょうがない。そういう人間なのだ。叩いても変わらないのだ、そういう人たちは。

これでは、人類が進化するわけがないのだ。

今、地球が一番進化するためには、ハチの社会を見習うべきだ。働きバチは女王バチに褒められたいから、一生懸命に働く。働きバチはいつも女王の方を向いている、みんな一方向を向いている、自分の命をかけて。あれが宇宙の本当のバランス。宇宙の法則、愛と調和の法則なのだ。弥勒の世というのはそうなるべきなのだ。

宇宙の高次元に行けば行くほど、トップには女性が就いている。

数年前に、ドクタードルフィンがクフ王のギザの大ピラミッドを開いた時、シリウスがバージョンアップした（参照『ピラミッド封印解除・超覚醒　明かされる秘密』小社刊）。そして、ネオ・シリウスになった際に、女王がトップに就いた。宇宙の星では、次元が上がると、女性がトップになるものなのだ。トップの魅力ある女王に「やりなさい」と言われたら、周りの男性は女王に褒められたいから、一生懸命に動く。女王に褒められたいから動く、というスタイルがいいのだ。愛と調和のカタチ。高次元の星は、みなそうだ。進化している宇宙の星のほとんどは、女性性のエネルギーがトップにあるのだ。

しかし、女王バチの法則、愛と調和の法則というのは、なにも女王でなくても良いのだ。男性でも女性性のエネルギーを持っていたらいい。この私がそうであるように。

人類の敬意を集めるような、魅力ある女性性のエネルギーをもった人物がトップに就いて、みながそれについていく。「私を使ってください」という人間を集めなければならない。

今の日本の政府をご覧なさい。どれだけ「総理大臣のために、命をかけてやります」という人間が集まっているか。いや、全く違う。だから、今の政府のしくみでは、分離と破壊が起きるのだ。宇宙の高次元社会から見たらあまりにも違い過ぎる。仕組み自体が全然ダメ。

だから、全部壊しなさい、国会議員をクビにして、政府も一回クビにして、全部更地にして。投票で代表を選ぶ選挙の仕組み、国会の仕組み、そういうものも全て壊してしまうのだ。本当に壊すということはどういうことか。今、考える時が来ているのだ。

そして、一番誰が、人類を元気づけられるか、感動させられるかで、自然に統率するような仕組みを作ればいい。そうすれば、自然にリーダーたちがサポートする社会ができてくるのだ。

宇宙の愛と調和のエネルギーをもつ人間が多少いるけれど、それでもまだ、本当の宇宙の教えを誰もわかっていない。もっと、突き抜けて行かなければならない。

世間のルールを守り過ぎている。そのルールを壊す勇気も、力もない。だから、こんな変化を恐れるのだ。

今、宇宙の本来あるべき姿を、マスコミが歪めている。マスコミが地球の支配者に従わせて、人類を操っているのだ。何かにサポートされなければ、人間は生きてはいけない、人類は一人では生きてはいけない、という誤ったメッセージを巧みに言葉の中に入れて、発信しているのだ。

メディアに登場するコメンテーターたちは、自分が騙されていることを知らない。そして熱く訴える。自分は優れた地球人だと。

今、地球で優れていると思われているものは、全部劣っているのだ。地球で優れているという感覚を持っている人間、評価されている人間は、全部落ちこぼれじゃ！　そんなものはいらない！　優等生とか、素晴らしい仕事をしていると認識してやっている人間は、私に言わせれば、すばらしい仕事どころか最悪の仕事じゃ。

人に頼るな。医学や政府に頼るな。頼らずに自分の自己エネルギーを上げなさい。

人類は今、全部間違ったものに頼っている。そんなものに頼っても、幸せになれんぞ。

頼るのなら、高次元の宇宙のエネルギー、もしくは宇宙の高次元の星の社会を頼りなさい。お前が生きている低次元の地球に頼って何になるのだ。ダメにさせようとしている、ダメな社会に頼っては、ますますダメにさせられるぞ。

高次元の社会のサポートを得られるようになるにはどうしたらいいのか。今の地球は間違っていると気づくことだ。気づくことからまずは始まる。そして「今ここ」にエネルギーを集中させること。過去の後悔とか、過去の罪悪感とか、未来の不安とか恐怖ではない、「今ここ」。

自分を否定せずに肯定して、愛と感謝を持つこと。宇宙で一番必要なものは、愛と感謝なのだ。愛と感謝を全てに向ける事で次元が上がる。次元が上がった人間というのは、宇宙の中で光る。光っている人間に宇宙のサポートは入るのだ。

ドス黒い今の政府とお役所に洗脳された奴隷たちは、これもどす黒く、全く光っていないので、宇宙のサポートは降りてこないのだ。光る人間になりなさい。

光る人間は、愛と感謝で自分を包んで、次元振動数、エネルギーを上げていくことができるのだ。

そして、地球の中でも、一番エネルギーを下げているのは「死への恐れ」。宇宙の中でも、特別地球はこれが強い。これだけ死を怖がる星はない。高次元の宇宙の存在は、エネルギー体。だから、死という概念がそこにはない。

死者を悲しんではいけない。死者はこんなもがく地球ではなくて、もっと軽い宇宙に飛んで喜んでいるのだ。死ぬ必要があったから死んだのだ。ベストなタイミングで自分を進化、成長させるために。死者は、悲しんではいない。ただ、残された人間が悲しむから、悲しむエネルギーになるだけなのだ。

悲しみや罪悪感……もっとああしてあげればよかった……は、地球の独特なもので、地球でつくられた間違った観念なのだ。それは、死者を低次元に引き下げる。悲しみや罪悪感を残されたものが持たなければ、もっと高次元にハッピーに飛んでいけるのだ。死者にとって、悲しみや罪悪感は重荷でしかない。

東日本大震災のことでは、いまだに悲しんでいる人も多い。しかし、これは最悪なのだ。この状況を、宇宙のレベルで憐れんでいる。自分たちが自分たちを下げてしまっているのだから。

これは、マスコミが誘導しているのだ。津波の映像を流して、視聴者を不安と恐怖にまた落として「悲しいです、悲しんでいます」と。

だが、自分の人生を一生懸命生きていたら、人のことでは泣いていられないのだぞ。

太平洋戦争、特攻隊を讃える者、「靖國参拝反対」と否定する者もいる。あれは国民がそれを体験する必要があって、地球もそれを受け入れたのだ。

大宇宙大和神は「全てはやるべき必要があったのだ。全て、美しい。言いたいのは、その全てが悪ではないのだ。あれはあれしかなかった。善でも悪でもない。殺した方も殺された方も必要があったのだ」と。

地球では、必ず、物事を善か悪に当てはめようとする。地球人だけが一人ひとり、どっちかに当てはめる習性を持っている。

しかし、高次元の宇宙の星は中立なエネルギーで、物事を決めつけようとはしないのだ。善でも悪でもない、これでいいのだと。宇宙的には必然に起こっていることなので、そこに意味はないのだ。

善でも悪でもない。それは全て愛と感謝。だから、死んだ人には、全て愛と感謝。善とか悪とか、「戦争は悪だった」とか……そんな観念は、地球人だけがもつ特異性であるにすぎない。

地球人は、観測者が物事の事象に意味を置くから、エネルギーが重たくなる。だから、空気が濁るのだ。だから、気持ちが冴えない、晴れないのだ。

全ての事にいちいち意味を置くものではない。そんなものを置いて判断することで、人類は退化する。

意味をもたさずに宇宙的な観点で、全てはそれでよかった、そうあるべきだったと、愛と感謝で物事を捉えれば、次元が上がる。しかし、地球人は、その逆のことをやっているのだ。意味を持たせて「それは、善だった」と、悪を叩こうとするし、悪とされたヤツは逆を叩こうとする。叩き合いなのだ。意味を置くことで、必ず争いが起きるのだ。どちらに身を置くか意見が分かれる、つまり、分離をする。分離した同士が争うのだ。これはエネルギーを落としてしまう、最悪なパターンと言える。

物事に意味を持たせてはいけない。どちらかに決めつけようとしてはいけない。そこには争いが生まれる。愛と感謝を持って、物事を受け入れよ。

地球人は、今ある鳥小屋の中で一生懸命争って自分を主張している。外の世界があるということさえ知らないし、もし知っていても出る勇気がない。鳥は外に出ないと救われない。地球と人類も同じ。鳥小屋の中から外に出さないようにしているのが集合意識なのだ。

政府、メディアが地球と人類を閉じ込めている。

それを知ってしまった人間が地球に一部いるのだが、まだ99・9%の人間はこのことを知らないので、集合意識として地球社会が変わらない。このことを知る人間が、もっと出てこないとダメなのだ。地球社会＝奴隷養成学校。恐ろしいことだ。

タイムリミットというものはないが、気づくのが遅すぎる。いつまでやっているんだ、そんなたわごとを。

テレビをオンにした時に出る濁った電磁波。これに地球人を奴隷化させるための悪いエネルギーが乗っている。テレビをつけた時点で洗脳されている。もしくは、携帯の電波とかも乗せられている。若者たちは、もっと反発しないと本当はダメなのだ。

洗脳されない人間ということはどういうものか。脳を使ってない生き方をしている人間なのだ。脳を使っている生き物というのは、どんどん集合意識、同調圧力として脳にエネルギーが入ってくるので、宇宙と繋がれなくなってしまう。

脳は発達するほど、シワが増えて、大きくなる。地球では、わざとそれをさせている教育をしているのだ。よけいな、人生で役立たないことを記憶させる。わざとどうでもいいことを記憶させている。そして、悪化させて宇宙と繋がれなくしているのだ。

悪い電磁波というのは脳で受ける。そして、脳細胞を汚染させる。だから自分が出せなくなってしまっている。これは、非常に危険な状態だと知る必要があるのだ。そのことに、地球人は気づきなさい。

脳を使わなければ、電磁波も放射能も影響しないのだ。宇宙は次元を下げる星と上げる星があり、地球は今のままだと、次元を下げる方向に向かっている。気づくために、そんなに時間は必要ではない。リーダーが出て「こうなのだ」と発すればいいのだ。そうすれば、みんなが疑い始める。疑い始めれば、パッと違うエネルギーが生まれ、次元上昇に切り替わるのだ。次元上昇へのスイッチに切り替わるのだ。そのためには、今が危険な状態なのではないかと、疑うことから始めなければならない。

地球と人類を閉じ込めているのはマスコミで、地球の次元を下げている。洗脳された、次元の低いコメンテーターたちが偉そうに言っていることが、宇宙にも響いてくるのだ。これは、すごい雑音、すごい居心地悪さ。宇宙がものすごく嫌がっている。彼らの言葉や思考が宇宙を下げる、かき乱すものなのだ。いい加減にだまれ！

今地球の中でチヤホヤされている人間というのは、自分のことは何も言えないのに、自分以外のことを偉そうに断罪している。こういう人間が宇宙ではすごく邪魔なのだ。

宇宙では、自分のエネルギーを一生懸命、自分のためだけに使っているもの同士が交流しているが、基本的には他人のことには干渉しない。これが、宇宙の本当の姿。しかし、地球では、これが全く逆。

地球人は宇宙の振動数を下げ、地球の波動を下げている。彼らは、地球をよくするつもりでやっているようだが、やるべきことが反対なのである。

マスコミに言いたいのは、世間を檻に閉じ込めておくだけの世間受けする、低いエネルギーを流すのをやめなさい。マスコミがやるべきことは、人間が今まで眠らされていた、封印されていた能力、エネルギーを開くための情報を伝えることだ。しかし、一切何もやっていない。宇宙では、地球にあるのは最低の放送局だと言われている。

宇宙では、高次元の星にも放送局がある。しかし、やっていることは、どういうことをやれば、次元エネルギーを上げられるのか、ということに関する題材だけ。いい加減、地球の放送局も目覚めなければならない。

他人のことを言いまくって、お金をもらうのは泥棒だ。そんな金は宇宙にはいらない。そんな金は、濁ったお金だ。お金は、もっときれいに使いなさい。もっといいお金を稼ぎなさい。他人を汚す事で、お金を稼ぐのをやめなさい、お金が泣いている。

マスコミは、本当の宇宙の叡智を教えていないと、気づいていない。もちろん、マスコミだけでなく、全ての業界についてもそれは言える。

今、地球人は、正しい生き方、考え方をしていないのだ、ということを知らなければならない。疑問を持つこと、それが第一歩なのだ。今の考え方、生き方はおかしくないのか、それをきちんと知らなければならないのだ。

最後に

私ドクタードルフィン自身、当初はアソビノオオカミのことを書くことは頭になかったのです。ただ、毎年、大宇宙大和神の本はぜひ出していきたい、とは思っていたのですが。

その時、なぜかもう一発違うエネルギーが必要だ、と感じたのです。果たして、そのエネルギーが何か。それを探っていたら、アソビノオオカミのエネルギーだと気づいたのです。

イルミナティ、フリーメイソン、ディープ・ステートに関していえば、大宇宙大和神のエネルギーで大元であるスーパートップのエネルギーを、私が書き換えたのです。

書き換えが終わっているにも関わらず、情報を操る能力が高いスーパートップの下にいるトップたちのせいで、地球が書き換わっていくスピードが遅いのです。トップたちのエネルギーは、スーパートップに比べるとたいしたものではないけれど、悪のエネルギー。その低い悪のエネルギーに踊らされているのです、地球人は。完全に操り人形です。すごく強烈、すごく力を入れていると思います、闇が。

大宇宙大和神と私が、大元を書き換えているのに、未だ地球人は体たらく。本当に大事なことをわかっていないのです。

だから、アソビノオオカミが大宇宙大和神の状態を見ていて、これは自分も入らなければダメだ、と。アソビノオオカミは今まで宇宙で眠っていたのです。地球を大宇宙大和神に任せていたわけです。しかし、それではダメだ、とアソビノオオカミが私にエネルギーを送ってきたのです。

宇宙的に言うと、ネガティブとポジティブが両方とも存在し、バランスを保っていることが安定。だから、ポジティブ、ネガティブも入った、融合した50次元の一体として地球に作用しないといけない、と、アソビノオオカミが判断したということなのでしょう。

アソビノオオカミが警告するように、地球人は、まずは、今の地球が置かれている状況を正しく認識しなければならないのです。今回、アソビノオオカミによって与えられた数々の教えに従って、自分自身のエネルギーを上昇させていかなければならないのです。今がその好機なのです。

今時代は、風の時代になっているのです。そして、レムリアのエネルギーが覚醒し、弥勒の世になって、地球の持つエネルギーが上昇してきているのです。今のタイミングがとても重要なのです。

私ドクタードルフィンのエネルギー開きにより、天皇家も新しい天皇になりました。そして今、天皇家が生まれ変わっているのです。だから今こそ日本が世界をリードする時代。

今こそ人類と地球を次元上昇させて、高次元の星へと生まれ変わっていかなければならないのです。

88次元 Fa―A　ドクタードルフィン　松久　正（まつひさ・ただし）

鎌倉ドクタードルフィン診療所院長

医師（慶応義塾大学医学部卒）、米国公認ドクターオブカイロプラクティック（Palmer College of Chiropractic 卒）

超次元・超時空間 ＤＮＡオペレーション医学 & 松果体覚醒医学 Super Dimensional DNA Operation Medicine（SD-DOM）& Pineal Activation Medicine（SD-PAM）

神と高次元存在を覚醒させ、人類と地球、社会と医学の次元上昇を使命とする。

人類を含む地球生命と宇宙生命の松果体覚醒、並びに、高次元ＤＮＡの書き換えを担う。

対面診療には、全国各地・海外からの新規患者予約が数年待ち。世界初の遠隔診療を世に発信。

セミナー・講演会、ライブショー、ツアー、スクール（学園、塾）開催、ラジオ、ブログ、メルマガ、動画で活躍中。ドクタードルフィン公式メールマガジン（無料）配信中（ＨＰで登録）、プレミアム動画サロン・ドクタードルフィン Diamond 倶楽部（有料メンバー制）は随時入会受付中。

多数の著書があるが、代表的なものは、『松果体革命』（２０１８年度出版社Ｎｏ．１ベストセラー）『Ｄｒ．ドルフィンの地球人革命』（ナチュラルスピリット）『ワクワクからぶあぶあへ』（ライトワーカー）『からまった心と体のほどきかた　古い自分を解き放ち、ほんとうの自分を取りもどす』（ＰＨＰ研究所)『死と病気は芸術だ！』『シリウス旅行記』(VOICE)『卑弥呼と天照大御神の復活』『神医学』『ピラミッド封印解除・超覚醒明かされる秘密』『神ドクターDoctor of God』『至高神　大宇宙大和神の教え　隠身から顕身へ』(青林堂)『多次元パラレル自分宇宙』『宇宙人と地球人の解体新書』(徳間書店)『我が名はヨシュア』『幸せDNAをオンにするには潜在意識を眠らせなさい』(明窓出版)『「世界遺産：屋久杉」と「宇宙遺産：ドクタードルフィン」』『イルミナティとフリーメイソンとドクタードルフィン』『ウィルスの愛と人類の進化』『龍・鳳凰と人類進化』『菊理姫(ククリヒメ)神降臨なり』『令和のDNA　0＝∞医学』『ドクタードルフィンの高次元DNAコード』『ドクタードルフィンのシリウス超医学』『水晶(珪素)化する地球人の秘密』『高次元語り部　ドクタードルフィンの【遠野物語】』『空海・龍馬とユダ、復活させたり』『宇宙人になる方法　悩みも病気もないDNA』『ステラ・スーパーアセンション』(ヒカルランド)等の話題作がある。また、『「首の後ろを押す」

と病気が治る』は健康本の大ベストセラーになっており、『「首の後ろを押す」と病気が勝手に治りだす』（ともにマキノ出版）はその最新版。今後も続々と新刊本を出版予定で、世界で今、最も影響力のある存在である。

公式ホームページ http://drdolphin.jp/

この本には、宇宙で見守る宇宙マスター神「アソビノオオカミ」エネルギーが舞い降りています。

しかし、それに留まらず、この本にご縁をくださった皆さまへの、さらなる購入特典として、私ドクタードルフィンが本神のエネルギーを載せてアクティベートさせた神札を、同封して、特別にプレゼントいたします。

大宇宙大和神の神札と同様に、いま地球に存在する、どんな神札よりも、次元の高いエネルギーを放射します。

最高に、貴方を見守って、サポートするでしょう。

宇宙マスター神「アソビノオオカミ」の秘教
地球の封印を解く大宇宙叡智

令和３年７月22日　初版発行

著　者　松久正
発行人　蟹江幹彦
発行所　株式会社　青林堂
〒150-0002　東京都渋谷区渋谷3-7-6
電話　03-5468-7769
装　幀　TSTJ Inc.
印刷所　中央精版印刷株式会社

Printed in Japan

ISBN 978-4-7926-0707-4

松久　正　著

神ドクター

Doctor of God

超神 "Doctor of God" 降臨！

至高神・大宇宙大和神（金白龍王）が本書に舞い降りた！

神を修正・覚醒するドクタードルフィンが人類と地球の DNA を書き換える

神ドクターより地球人へ ——

"努力をするな、我慢をするな。楽で愉しいことをやっていれば、魂は必ず進化・成長する！"

■プロローグ　ドクタードルフィンが語る地球史
■パート１　神ドクターができるまで
■パート２　神ドクターの医学
■パート３　神の話をしましょうか
■パート４　縄文が地球を変える
■パート５　神ドクターによる神開きの時代
■パート６　奇跡と創造の宇宙
■エピローグ　破壊と創造の時代に向けて

価格（税抜）：1,700 円

松久　正 著

神医学

" 神医学による人類・地球の次元上昇により、不安・恐怖を源とするウィルス感染は収まります "

医師自身や家族には患者への処方をしない現代西洋医学を斬る!

医学と社会がひっくり返る神医学!

「はじめに」より ——

私が行っている高次元の神医学は、今までの医学の概念では理解できないものであり、物質である細胞を対象とするものではなく、エネルギーである宇宙の叡智と目に見えない高次元 DNA を修正し、書き換えるというものです。

第１章　現代医学は三次元の医学

第２章　波動やエネルギーを診る神医学

第３章　低次元の人間医学から高次元の神医学へ

第４章　神医学は地球人を進化・成長させる

第５章　神ドクターが医学と地球社会を変える

第６章　これが奇跡を起こす神医学の高次元診療だ!

価格(税抜)：1,710 円

松久　正　著

卑弥呼と天照大御神の復活

世界リーダー・霊性邪馬台国誕生への大分・宇佐の奇跡

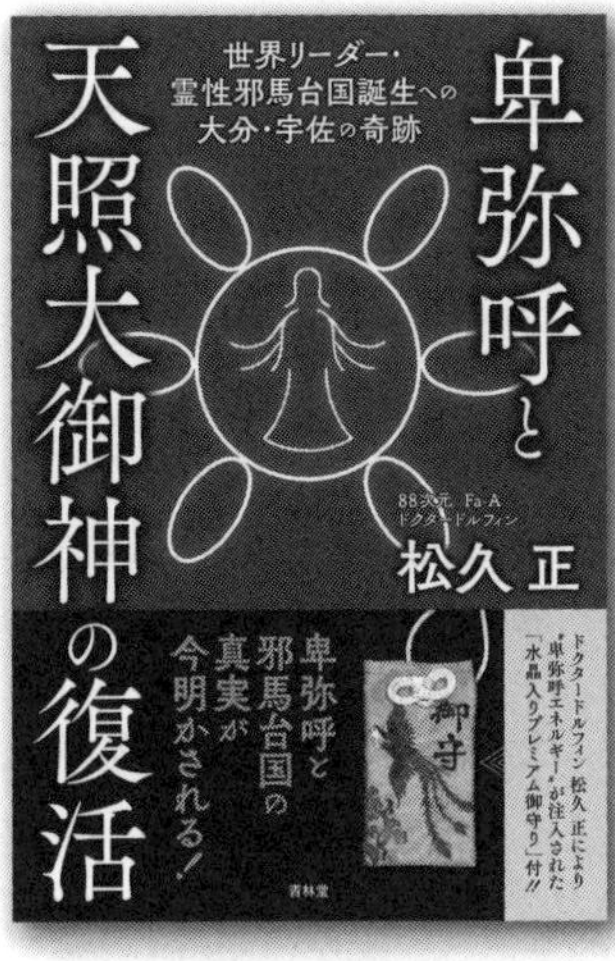

卑弥呼は 14 代まで実在した！

大分県宇佐神宮で執り行わられた神開き

卑弥呼とイエスキリストとの繋がり

日本が世界のリーダーとなる日！

ドクタードルフィン 松久 正により
" 卑弥呼エネルギー " が注入された

水晶入りプレミアム御守り付き

第一章　高次元から見た世壊しと世直し
第２章　統合から融合へ…
第３章　邪馬台国・卑弥呼の真実
第４章　レムリア―縄文のエネルギーが霊性・邪馬台国を開く…

価格（税抜）：3,550 円／上製本